超訳 LIFE《ライフ》 SHIFT《シフト》

100年時代の人生戦略

リンダ・グラットン / アンドリュー・スコット 著
Lynda Gratton　Andrew Scott

The 100-Year Life
Living and Working in an Age of Longevity

東洋経済新報社

Original Title:
THE 100-YEAR LIFE
By Lynda Gratton and Andrew Scott

超訳 ライフ・シフト もくじ

序章 これから日本人に起こる10の変化……001

第1章 人生100年時代は本当に来る?……021

第4章 人生はマルチステージ化する

第7章 生涯現役でいるために必要なこと

第8章 学校と企業はどう変わるのか

序章

これから日本人に起こる10の変化

人生１００年時代。そう聞いて、あなたはどう感じるだろう。

「ヨボヨボの状態が長く続くの⁉　勘弁してほしい……」

「だって年金はアテにならないし、老後の生活が不安……」

多くの人が、長寿に対してマイナスのイメージを持っている。だから「そんなに長生きしたくない」と忌避してしまうのだ。

無理もない。長寿化といえば、病気や衰弱、認知症、医療費の増大、社会保障危機といった暗い話ばかり。老後のことなんて考えたくもないというのが正直なところだろう。

しかし、ちょっとだけ立ち止まって考えてみてほしい。

そもそも長寿化は、私たちの人生にとってマイナスでしかないのだろうか？

私たちの平均寿命は大幅に延びている。長寿化は確実に進行していると言っていい。いま先進国で生まれる子どもは、50％を上回る確率で１０５歳以上生きる。ちなみに1世紀以上前に生まれた子どもが１０５歳まで生きる確率は、１％に満たなかった。

こうした変化は、**ゆっくりと、しかし着実に進んでいる**。

過去２００年の間に、平均寿命は10年に2年以上のペースで延びてきた。いま20歳の人は100歳以上、40歳の人は95歳以上、60歳の人は90歳以上生きる確率が半分以上ある。

「長生きしたくない」と思っていても、私たちは確実に長寿化が進行する時代に生きているのである。

もちろんその間、休む間もなく働き続け、退屈な日々を過ごし、エネルギーを消耗し、機会を生かせず、そして最後には貧困と後悔の老後が待っている……のだとしたら、確かに長生きはしたくない。

しかし、長寿を厄災ではなく、恩恵にする方法はある。多くの人がいまより長い年数働くことになるのは間違いないが、呪われたように仕事に追いまくられ、疲弊させられる未来は避けられる。

そして何より、年齢や性別に関係なく、より自分らしく生きられるようになる。従来の「こうあるべき」という固定概念は長寿化の時代に通用しない。

より自分らしく、より自由に生きるための選択肢がこれから増えてくるのだ。

そう考えると、ちょっとワクワクしてこないだろうか。

長寿化を厄災ではなく恩恵にするために重要なのは、増えた時間をどのように利用し、構成するかという点だ。

つまり人生をどのように組み立てるか。

まずは長寿化によって何がどう変わるのか、私たちにどんな影響があるのかを見ていくことにしよう。じつに多くの変化が、日本人を待っている。

人生１００年が当たり前になる

現在、日本の平均寿命は世界ランキングの中でトップ。１００歳以上の人は、すでに６万１０００人に上る。今後、１００歳を超えて生きる人はもっと珍しくなくなるだろう。

国連の推計によれば、２０５０年までに、日本の１００歳以上の人口は１００万人を突破する見込みだ。いま、本書を手にしているあなたが50歳未満ならば、１００年以上生きることを想定しておいたほうがいい。

私たちは、自分が想像していた以上に長く生きることになる。人生のさまざまな決定の基準にしているロールモデル（生き方のお手本となる人物）より長い人生を送り、社会の習慣や制度が前提にしているより長く生きるようになるのだ。

要するに、**過去のロールモデルはもはや役に立たない**ということだ。

過去の成功例や、それに基づいた価値観のまま人生を送ろうとしたのでは、長寿化は恩恵ではなく厄災になってしまう。

ここであらかじめ言っておきたいのは、**長寿化により、老いて衰えて生きる年数が長くなるわけではない**、ということだ。長く生きられるようになった年月の大半を、私たちは健康に生きることになる。**若々しく生きる期間が長くなる**のだ。

いまの80歳は、20年前の80歳より健康だ。いま80歳の人たちの子どもが80歳になるときには、もっと健康な日々を送ることができる。

長寿化というと、つい人生の締めくくりの準備だけを想像してしまうが、私たちは人生全体を設計し直さなくてはならないのだ。

新しい職種とスキルが登場する

１００年ライフにおいては、多くの人がいまより長い年数働くようになるだろう。老後にも生活資金が必要だからだ。

たとえば次のように想定してみる。

「１００歳まで生きるとして、勤労時代に毎年所得の約10%を貯蓄し、引退後は最終所得の50%相当の資金で毎年暮らしたいと考える場合、あなたは何歳で引退できるか？」

詳しくは第2章で述べるが、この場合は80代まで働くことが求められる。

ただしこれは、仕事に追いまくられる人生が80代まで続く、ということを意味しない。

そもそもこれからの数十年で、労働市場に存在する職種は大きく入れ替わる。古い職種が消滅し、新しい職種が出現するのだ。

たとえばいまから１００年前、雇用の多くを占めていた農業と家事サービスの職が大きく減り、オフィス労働者の割合が大幅に上昇した。

こうした職種の入れ替わりは、今後も続く。ほぼすべての職が、ロボットと人工知能によって代替されるか、補完されるだろう。事務・管理業務、セールスとマーケティング、マネジメントなど、あらゆる業務がその影響を受ける。

3ステージの人生が終わる

人々の寿命が短く、労働市場の変化が比較的小さかった時代には、20代で知識とスキルを身につけ、その後は知識とスキルへの本格的な再投資をしなくても、キャリアを生き抜けたかもしれない。しかし、労働市場が急速に変化するなかで、70代、80代まで働くようになれば、手持ちの知識に磨きをかけるだけでは、最後まで生産性を保てない。

では、どうするか。

いったんキャリアを中断し、時間を取って、学び直しとスキルの再習得に投資する必要がある。すると必然的に、いままでと同じ場所、同じ職種で延々と働き続ける……というライフスタイルではなくなっていく。

これまでは、学生として学ぶ「教育」のステージ、社会に出て働く「仕事」のステージ、そして定年退職して老後を過ごす「引退」のステージがあった。この三つのステージが、人生における大きな変化だったのだ。

もし、こうした3ステージの生き方を100年ライフで機能させようと思えば、二番目の「仕事」のステージを長くする以外にない。すると、たとえ金銭面での問題が解決できたとしても、それ以外の要素はなおざりになる。

長い年数働き続けるのは、あまりに過酷だし、あまりに消耗する。そして率直に言って、あまりに退屈ではないだろうか。

人生はマルチステージ化する

3ステージの人生に代わってこれから登場するのが、マルチステージの人生だ。

たとえば生涯に二つ、もしくは三つのキャリアを持つようになる。まずは金銭面を最も重視して長時間労働をおこない、次は家庭とのバランスを優先させたり、社会貢献を軸に生活を組み立てたり、といった具合だ。

3ステージの人生では、大きな移行は2回だけだったが、マルチステージの人生が普通になれば、私たちは人生で多くの移行を経験するようになる。

ただし問題は、ほとんどの人が、生涯で何度も移行を遂げるための能力とスキルを持っていないこと。マルチステージ化する長い人生においては、上手に移行を重ねることが避けて通れない。

そのために何より必要なのは、柔軟な思考だ。

過去や前例に凝り固まり、それに縛られるのではなく、新しい思考様式を模索しよう。新しい視点で世界を見よう。

そして変化を恐れないこと。

場合によっては古い友人を手放し、新しい人的ネットワークを築く必要が出てくるかもしれない。ものの見方、考え方も大きく変わっていくかもしれない。いずれも未来を真に見通すために必要なスタンスだ。

エイジとステージのリンクがなくなる

変化が当たり前になれば、一斉行進の時代は終わる。

いままでは、20代前半で「教育」のステージを終え、一斉に就職活動をして、新社会人として「仕事」のステージに入っていた。とりわけ日本は終身雇用、年功序列の企業風土があるため、転職する人も少なかった。そして多くの人は65歳で定年退職、「引退」のステージに入っていた。

つまりエイジ（年齢）とステージは多くの人に共通していたのだ。

同世代の人たちが隊列を乱さずに一斉行進することにより、確実性と予測可能性が生まれていた。人々は、機会と選択肢の多さに戸惑うことがなかった。

ある人が大学生だと聞けば、だいたい年齢がわかる。またある人が上級管理職だと言えば、年齢はおおよそ察しがつくし、今日まで歩んできた道のりもほぼ推測できる。

しかしこれから先、**エイジとステージはイコールではなくなる**。

マルチステージの人生では、40歳で「教育」のステージに立つ人もいるだろうし、50代で「仕事」のステージにいても、ベテランではなく、その業界の新人であるかもしれない。

新しい人生の節目と転機が出現し、どのステージをどの順番で経験するかは人それぞれ、一人ひとりの嗜好と状況によって決まる。いずれ大学生という情報だけでは年齢を推測できなくなる時代がやって来る。

6 まだ見ぬ新しいステージが誕生する

過去にも、人生の新しいステージが現れたことがある。たとえば20世紀には、ティーンエージャーと引退者というステージが出現した。ティーンエージャーは、寿命の延びと学校教育の長期化により誕生した概念だ。

いまも思春期前後の年齢層に新しい動きが生まれている。この年齢層はすでに長寿化時代への適応を開始している。以前ならおおよその人生の道筋を固めていた世代だが、新しい生き方を模索するようになっている。

これからは人生に新しいステージが生まれてくる。

たとえば選択肢を狭めずに幅広い針路を検討する「エクスプローラー（探検者）」、自由と柔軟性を重んじて小さなビジネスを起こす「インディペンデント・プロデューサー（独立生産者）」、あるいは、さまざまな仕事や活動に同時並行で関わる「ポートフォリオ・ワーカー」などだ。

このように新たなステージが誕生すれば、人々はもっと自分らしい人生の道筋を描くようになる。**同世代の人たちが同時に同じキャリアの選択をおこなうという常識は、過去のものになっていく**のだ。

選択肢を持っておくことの価値が増す

私たちは何かを選択するとき、それ以外の「何かをしない」という選択もおこなっている。「教育→仕事→引退」の3ステージの人生では、これから自分が歩むであろう人生の大筋が予測できていた。だからこそ、「そろそろ結婚しよう」とか、「住宅ローンを組んで家を購入しよう」といったように決断をくだすことができていたのだ。

しかし人生が長くなり、人々が人生で多くの変化を経験するようになるとどうだろう。変化に対応するためには、さまざまな選択肢を持っておかなくてはならない。要するに、**選択肢を持っておくことの価値が増す**のだ。

これからの世代は、結婚や出産、住宅や自動車の購入をどんどん先送りにしていくだろう。こうして選択肢を残そうとしている。１００年ライフを生きる人々が選択肢を見出し、それを長く残しておこうとすることは、もはや必然と言っていい。

もっともこれは若い世代に限った話ではない。年齢にかかわらず、これからは人生のあらゆる時期に重要なことである。

マルチステージの人生を生きる人にとっては、その重要性がとりわけ大きい。選択肢に投資し、それを残しておくことは、人生計画の欠かせない一部になる。

無形資産がより重要になる

１００年ライフにとって、お金の問題は重要である。しかし現在の長寿化をめぐる議論は、お金の問題に偏りすぎている。１００年ライフへの備えは、資金計画の強化だけで事足りるものではない。もちろん適切に対処することが不可欠だが、**家族、友人関係、精神の健康、幸福などもきわめて重要な要素**だ。

なぜなら私たちはたいてい、やさしい家族、素晴らしい友人、高度なスキルと知識、肉体的・精神的な健康に恵まれた人生を「よい人生」と考えるからだ。

　これらはすべて無形の資産だ。

　長く生産的な人生を築くためには、有形の金銭的資産と同じくらい、無形の資産も重要になる。

　もっとも無形の資産と有形の資産は、完全に切り離せるわけではない。むしろ相互に関係し合っているといえるだろう。

　たとえば強力なスキルと知識という無形の資産がなければ、キャリアを成功させ、お金を稼ぐ力は、非常に限られたものになる。

　やさしくて知識豊富な友人のネットワークを持っていることも、人生の途中で生き方と働き方を変えたり、キャリアの選択肢を広げたりする上では不可欠だ。また家庭生活に恵まれなければ、そのストレスにより、仕事における生産性や共感能力、創造性も大きく損なわれる。

　お金以外の資産——無形の資産は、それ自体として価値があることに加え、有形の金銭的資産の形成を助けるという点で、１００年ライフの重要なカギを握っている。有形と無形の両方の資産を充実させ、両者のバランスを取り、相乗効果を生み出していかなければならないのだ。

家庭と仕事の関係が変わる

１００年ライフで人生がマルチステージ化すれば、一斉行進の時代は終わる。同時期に就職し、同時期に子どもをつくり、同時期に仕事を退く——こうした画一的な生き方は時代遅れになる。

働き方が変われば、家庭生活も大きく変わる。

３ステージの人生では、夫が外で働いて金を稼ぎ、妻が専業主婦を務める家族形態でもやっていくことができた。むしろ昔は、そうした男女の役割分担が徹底されていた。男は仕事、女が家事と育児を担っていた。

ここ数十年で少しずつ変わってきたとはいえ、日本ではまだまだ職を持つ女性の割合が小さい。日本人女性の70％は、第一子出産と同時に職を辞めている。これでは、男性が一家の稼ぎ手として大きな重圧にさらされざるを得ない。また、女性が家計に貢献する余地も限定される。

こうした昔ながらの家族形態は、長寿化時代には適さない。むしろパートナーの両方が職を持っていたほうが、明らかにメリットがある。

そもそも夫婦の両方に所得があるほうが家計や貯蓄の面で有利だ。今後は夫婦二人とも職を持つ家庭は増えるだろう。

加えて、二人ともマルチステージの人生を実践する場合は、いずれかが新しいステージに移行する際、互いの役割を調整し、人生のさまざまな時点でサポートし合うことが必要になってくる。家族のあり方は、昔に比べて大幅に多様化していく。

パートナーの両方が職を持っていれば経済的な責任を分かち合える。それによって、長い人生に必要な資金を確保する上でのリスクを大きく減らすことができるのだ。

自分の再創造に時間を使うようになる

人生で多くの移行を経験し、多くのステージを生きる時代には、生涯を通して投資をしていかなくてはならない。

新しい役割に合わせ、自分のアイデンティティを変えるための投資。
新しいライフスタイルを築くための投資。
新しいスキルを身につけるための投資。

寿命が延びて人生の時間が多くなれば、投資に費やせる時間も増える。

これまで、こうした投資は人生の最初のステージ、つまりフルタイムで教育を受ける時期に集中していた。しかし労働市場がガラリと変わっていく中で、必要なスキルや知識も変化していく。

１００年ライフを生きるなら、なおさら意識的に投資をおこなっていく必要があるだろう。今後は、余暇時間とみなされていた時間も、そのために使われるようになっていく。

「投資って勉強のこと？　大変そう……」

そう思う人もいるかもしれない。いままで余暇といえば、ソファで映画を見たり、海でサーフィンをしたり、コンピューターゲームをしたりして時間を消費することだった。人生が短かった頃は、余暇をもっぱらリラックスのために用いるのが理にかなっていただろう。

しかし**人生が長くなれば、何か別の新しいチャレンジができる。**何も小難しい勉強をすることが投資なのではない。はたからは小難しく見えても、本人にとっては知的好奇心を満たしてくれる至福のひとときだったりするものだ。

自分を再創造する――それが**リ・クリエーション**だ。

人生は長い。**消費とレクリエーション（娯楽）の比重を減らし、投資とリ・クリエーションの比重を増やす**。１００年ライフは、そのための時間がたっぷり用意されている。

さて、いかがだろうか。

１００年ライフは、ただ単に老いてヨボヨボの状態で過ごす時間が長くなるわけではない。

人生の最終段階について考えることはもちろん重要だが、それだけに捕われていたのでは、大事なものを見失ってしまう。

その大事なものとは、**「長い人生を、どう生きるか」**である。「１００年も生きるなんて嫌だなあ」と、ただ漫然と思いながら何十年も過ごしていたら、あなたはきっと、自分が想像する嫌な老後を本当に過ごす羽目になってしまうだろう。

そうならないためには、あなた自身の発想を変え、視野を広げる必要がある。

そして、あらゆるものを見直さなければならないだろう。また実際に行動していかなくてはならない。

未来は、過去の延長線上にある。

いま、**あなたが変わることによって、あなたの未来も変わってくる。**

本書は、長寿化の恩恵を現実のものとするための最初の一歩が踏み出せるよう、あなたを誘う招待状だ。

人生１００年時代。

人生のあり方は根本から変わる。

第1章

人生100年時代は本当に来る？

平均寿命は延び続けている

１００歳になると、日本では長寿を祝って内閣総理大臣から「銀杯」が贈られる。２０１６年度から、それが純銀製から銀メッキ製へと変わった。１００歳を迎える人が増えてきたためだ。

厚生労働省によると、１００歳以上の高齢者の人数は、「銀杯」が贈られるようになった１９６３年には全国で１５３人だったが、それから半世紀以上経った２０１８年では、総数は６万９７８５人に上っている。２０１８年度に１００歳を迎える人は３万２２４１人で、前年度より１４４人増えた。

いままでは１００歳以上生きる人がきわめて珍しかったが、これからはそうではなくなる。平均寿命は今後も延びていく。私たちはいま、そのプロセスの中にいるのだ。

図１の予測を見てほしい。

２００７年生まれの子どもの半数が到達する年齢を示しているが、日本人は先進国の中でも最も長く、１０７歳より長く生きると予想されている。**２１０７年の世界では、**

図1　2007年生まれの子どもの半数が到達する年齢

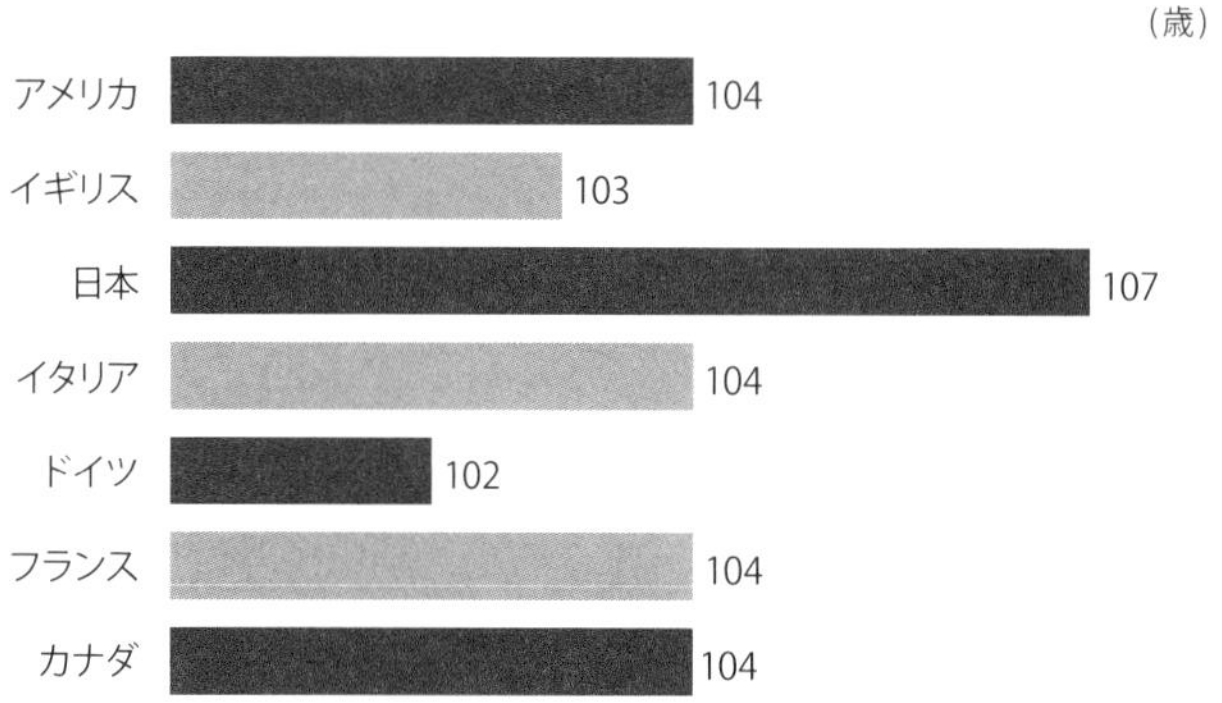

（出典）Human Mortality Database, University of California, Berkeley（USA）and Max Planck Institute for Demographic Research（Germany）. Available at www.mortality.org.

100歳以上の人は決して珍しくなくなっているのだ。

　次ページの図2は、19世紀半ば以降の平均寿命の推移をまとめたものだが、毎年の世界1位の国の平均寿命（ベストプラクティス平均寿命）を時系列でグラフ化すると、ほぼ一直線に上昇している。しかも、このペースが減速する気配は見られない。当分の間は、この傾向が続くだろう。**端的にいえば、若い人ほど長く生きる可能性が高い。**

　1840年以降、データがある中で最も長寿の国の平均寿命は、1年に3カ月のペースで上昇している。10年ごとに2〜3年ずつ寿命が延びている計算だ。日本人の場合、下の表のようになる。

日本人の50％が到達しうる年齢

1957年生まれ＝92〜96歳	1987年生まれ＝101〜103歳
1967年生まれ＝95〜98歳	1997年生まれ＝104〜105歳
1977年生まれ＝98〜101歳	2007年生まれ＝107歳

図2　ベストプラクティス平均寿命

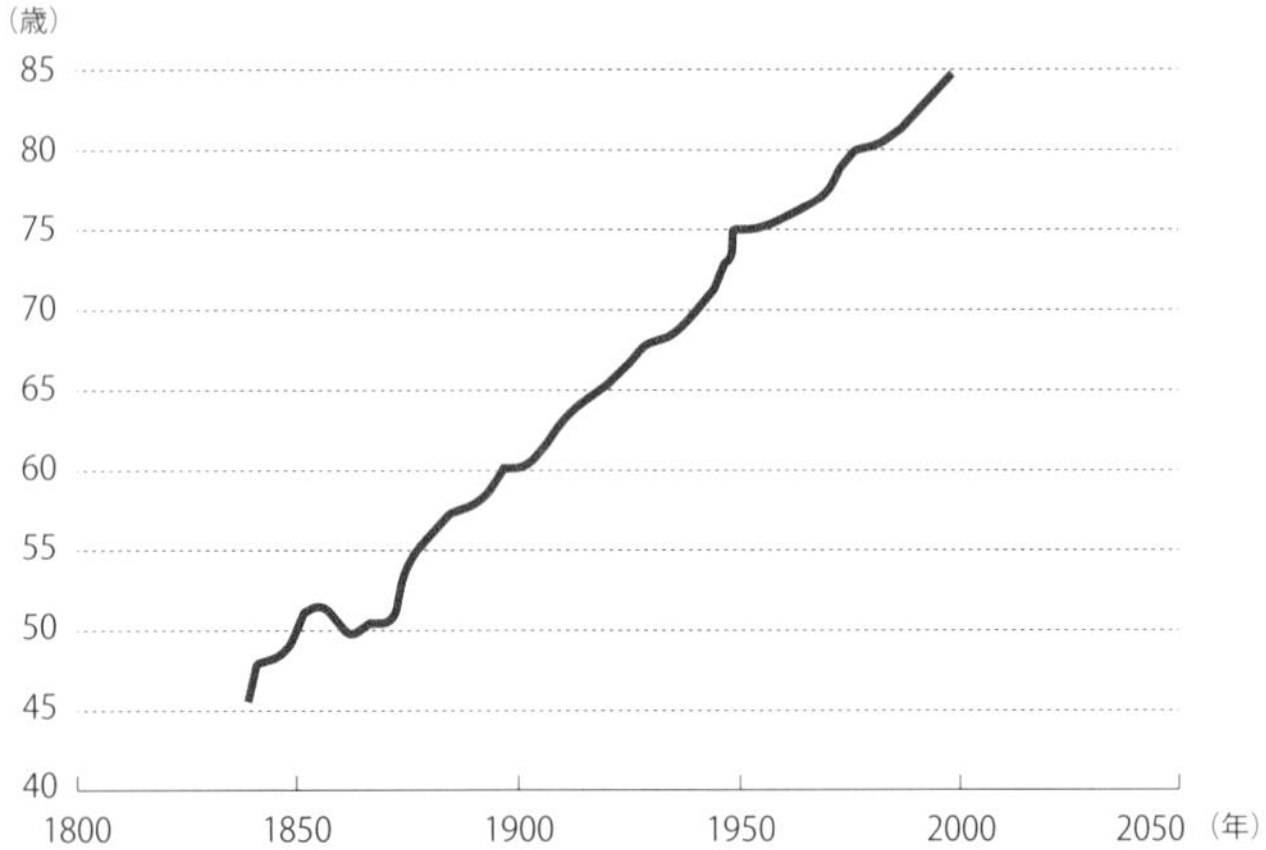

（出典）以下のデータをもとに算出。Human Mortality Database, University of California, Berkeley (USA) and Max Planck Institute for Demographic Research (Germany). Available at www.mortality.org. 詳しくは以下を参照。Oeppen, J. and Vaupel, J. W., "Broken Limits to Life Expectancy," *Science* 296 (May 2002).

これまでの平均寿命の上昇は、人生のいくつかの段階で、それぞれ死亡率が改善した結果として実現してきた。

たとえば１９２０年代以降の平均寿命の改善は、子どもの死亡率が低下した結果という面が大きい。

その後は中高年の慢性疾患、とくに心臓血管系の病気とがんの対策が進んだことが、平均寿命の大幅な上昇をもたらした。この次に平均寿命を大きく上昇させたのは、高齢にまつわる病気の克服である。

いずれにせよ、平均寿命の上昇には、健康、栄養、医療、教育、テクノロジー、衛生、所得といっ

たくさんの改善が
積み重なって平均寿命は
大きく上昇した

た多分野における状況の改善が関係している。

長寿化は世界規模で進行中

図1と図2は、いずれも豊かな先進国のデータだ。いま途上国で生まれる子どもが100歳まで生きる確率は、先進国の子どもより低い。

しかし途上国でも平均寿命は延びつつある。先進国では、所得の上昇、栄養状況の改善、医療の向上が子どもの死亡率を低下させたが、それと同じことが世界中で起きている。貧しい国でも、平均寿命の出発点こそ豊かな国より下だが、おおむね豊かな国と同様の変化を経験し始めているのだ。

100年ライフは、世界規模で拡大し始めている。豊かな国がその時代を一足先に迎えるだけにすぎないのだ。

はたして長寿化の流れはいったいいつまで続くのだろうか。

これまでは10年に2～3年のペースで平均寿命が上昇してきた。それが頭打ちになる日はくるだろうか。もしかしたら将来、１５０歳とか２００歳、さらにはもっと先まで延びるのだろうか。

科学論争の大半がそうであるように、この問題についてもさまざまな対立する主張が唱えられている。

悲観論者はいう。

「栄養状況の改善と乳幼児死亡率対策の大きな前進はこれ以上見込めない。むしろ、歩かないライフスタイルや肥満といった繁栄の病により、平均寿命の上昇は足を引っ張られる」

一方の楽観論者はこう見る。

「啓蒙キャンペーンの効果は今後も続き、それがテクノロジーのイノベーションと組み合わさることにより、平均寿命はまだ上昇し続ける」

人間の寿命に生物学的な上限はないと主張する急進的楽観論者もいる。

「好ましい生活習慣を実践すれば、長く生き続けることができる。するとバイオテクノロジーによる医療革命が実現し、その恩恵に浴することができる。さらにはナノテクノロジーのイノベーションに進み、人工知能とロボットが老いた体を分子レベルで修復する時代がくる。人間の寿命の上限は、いままで考えられてきたより、ずっと上だ」

悲観論と楽観論のいずれが正しいか。もちろん未来のことは誰にもわからない。しかし

楽観論者と悲観論者で
見方は分かれる

筆者の個人的な考えは、穏健な楽観主義者に近い。

さて、24ページの図2をもう一度見てほしい。人間の寿命に天井があるとしても、そこまではまだ遠いように思える。もし頭打ちになるなら、ベストプラクティス平均寿命の延びがすでに減速しはじめているはずだ。おそらく平均寿命は１１０〜１２０歳くらいまで上昇し続け、その後に延びは減速するのではないだろうか。

ともあれ頭に入れておくべきなのは、**１００年ライフがＳＦの世界の話でもなければ、乱暴なあてずっぽうでもない**ということ。一部の幸運な人だけに待っている未来でもない。いま生まれてくる子どもの多くが１００歳を大きく超えるまで生きるという予想は、十分に説得力を持っているのだ。

より健康に老いられる社会に

多くの人は、たとえ平均寿命が延びても、健康に生きられる年数が延びるとは考えていない。だから「長生きなんてしたくない」と思ってしまう。

実際、高齢化による医療コストの増大を不安視する識者は多いし、認知症など高齢にまつわる病気とともに長生きする人生は、明らかに誰も歓迎しない。平均寿命が延びても、人生自体が素晴らしくなければ朗報とはいえないのだ。

しかし、こうした暗い見方は重要な点を見落としている。

現在では、人々が単に長く生きるだけでなく、健康に長く生きるようになると予測する研究者が増えているのだ。つまり**「不健康期間の短縮」が起こりつつある。**

この「不健康期間」に着目する考え方は、ある人が何歳まで生きて、いつ死ぬかではなく、人生の最終盤の健康面における生活の質に光を当てるものだ。

１９８０年、スタンフォード大学医学部のジェームズ・フリーズは、平均寿命の上昇を上回るペースで、慢性疾患の発症年齢が上昇するだろうという仮説を唱えた。

彼自身が実施した多くの研究によって、それが裏付けられている。

フリーズはまず、ペンシルベニア大学の卒業生１７００人を20年以上追跡調査した。さらにランニングの習慣をもつ人たちの調査もおこなった。

結果は一目瞭然。いつも運動し、たばこを吸わず、体重をコントロールできている人は、概して不健康期間が大幅に短縮されていたのである。

ある人が「不健康」な状態かどうかを判断するには、病気の有無だけでなく、年齢を重ねるなかで、どの程度支障なく日常生活を送れるかも考慮する必要がある。

そのため、多くの研究が「日常生活動作（ＡＤＬ）」に注目してきた。入浴、排泄、着替え、食事など、日々の生活の質に大きな影響を及ぼす動作のことである。

アメリカで2万人を調べたデータによると、この点で目覚ましい変化が起きている。１９８４～２００４年の20年間で、85～89歳のアメリカ人のうち、体が不自由とされている人の割合は、22％から12％に低下した。95歳以上の人の場合も、この割合は52％から31％に減っている。

つまり、高齢者は昔より健康に生きていて、テクノロジーの進歩と公的支援の充実により、できることも増えたといえる。

もちろん人が健康に老いることができるかどうかは、さまざまな要因に左右される。どこに住んでいて、どのように生きているかというのも、そうした要因の一部だ。国によっても違いがある。

健康に老いることができるかどうかは、公衆衛生、啓蒙キャンペーン、生活習慣の改善によって決まるといっていい。不健康期間は、ひとりでに短縮されるわけではないことは付け加えておきたい。

大規模に進む「認知症」対策

そしてもう一つ、人生が長くなることを考えたとき、あなたが最も恐れるのは、人生の最後の日々を認知症とともに生きる羽目になることだろう。

不安はもっともだ。

豊かな国では、60歳の人の1％、75歳の人の7％、85歳の人の30％が認知症だ。認知症は老化がもたらす最大のリスクになっている。

しかし現在、ＭＲＩ（磁気共鳴画像法）による検査技術の目覚ましい進歩に後押しされて、このテーマの研究は精力的におこなわれている。とくに認知症治療薬の研究は、20年ほどの間で大きな前進があるだろうと期待されている。

老年学は、いま急速に主流の科学分野として認められつつある。いくつかの有力な医療機関が活発に研究に取り組んでおり、民間の資金も本格的に流入し始めている。

もちろん、すぐに大きな成果が出たり、有効な結論を得られたりできるものではない。

しかし、チャールズ・ディケンズの時代、イノベーションの最大の目的は、子どもの死亡率を下げることだった。イアン・フレミングの時代には、中高年を悩ます病気を克服することが目標だった。

そしていまは、高齢者の健康を改善することを目指して、イノベーションが進められている。

長寿化の流れのなかで、人々が健康的に生きる時間は延びつつある。

周囲の年長者を想像してほしい。いまの80歳は、20年前の80歳より健康だ。いま80歳の人たちの子どもが80歳になるときには、もっと健康な日々を送ることができる。「老いている」「若い」という概念が、これから先、大きく変わるのである。

人生の時間が大幅に増える

長寿化を恩恵にするために、まず視野を広げ、高齢者医療や年金といった人生の締めくくりの時間に関わる問題だけを見るのはやめよう。

もちろんそれらも重要であることはいうまでもない。その点、日本は高齢者医療や年金

同じ80歳でも、
昔といまではだいぶ違う

の問題で世界の先例をつくりつつある。65歳以上で仕事を持っている人が増えているし、日本企業は高齢者の雇用に世界で最も熱心だ。また、日本の高齢者医療や介護保険制度を参考にしようとしている国も多い。

高齢者医療や年金の問題ばかり見ていると、全体像を見失ってしまいかねない。

繰り返しになるが、私たちは、長く生きられるようになった年月の大半を、健康に生きることになる。つまり老いて生きるのではなく、若々しく生きる年齢が長くなるのである。

そもそも、長寿化が進めば人生の時間は大幅に増える。

1週間は168時間。

人生70年なら一生涯は61万3000時間だが、人生100年なら一生涯は87万6000時間になる。

この膨大な時間をどのように使うのか。その時間に何をするのか。

長寿化に備えるために、私たちは人生全体を設計し直さなくてはならない。

まずは「よい人生」とは何かについて、これまでの考え方や価値観を変えることが不可欠だ。

長寿化時代には、人生の新たなステージがいくつも出現し、パートナー同士の関係も様変わりする。そして新しい生き方が試みられるようになる。

人生 70年＝61万3000時間
人生100年＝87万6000時間
26万3000時間の差がある

長く働く不安をなくす生き方へ

長寿化時代に、人生のあり方は根本から変わる。

そのプロセスはかなり前からはじまっており、ペースはゆっくりとしているが、最終的には社会と経済に革命的な変化をもたらすだろう。

これまでグローバル化とテクノロジーの進化が少しずつ確実に人々の生き方を変えてきたように、**長寿化も人々の生き方を大きく変える**のである。

まずは働く期間が変わる。

人生が短かった時代は、「教育→仕事→引退」という三つのステージの生き方で問題はなかった。しかし寿命が延びれば、二番目の「仕事」のステージが長くなる。引退年齢が70～80歳になり、長い期間働くようになるのだ。

著者たちはロンドン・ビジネススクールのＭＢＡプログラムの授業で１００年ライフについて話すとき、学生たちに自分の人生のシナリオを考えさせる。

学生たちの頭に真っ先に思い浮かぶのはお金の問題だ。そこでこう尋ねる。

「100歳まで生きるとして、勤労時代に毎年所得の10%を貯蓄し、引退後は最終所得の50%相当の資金で毎年暮らしたいと考える場合、あなたは何歳で引退できるか?」

教室はシンと静まり返る。

詳細は第2章で紹介するが、この場合は80代まで働くことが求められる。

長寿化の恩恵に浴したければ、思っているより20年も長く、80代まで働かなくてはならない。これが厳然たる事実なのだ。想像しただけでゾッとする人もいるだろう。

しかし、**「教育→仕事→引退」という3ステージの生き方が当たり前だった時代は終わりを迎える**。

人々の寿命が短く、労働市場の変化が比較的小さかった時代には、20代で知識とスキルを身につければよかった。その後は再投資をしなくても多くの人は生き抜けたのだ。

しかし労働市場が急速に変化するなかで、70代、80代まで働くようになれば、手持ちの知識に磨きをかけるだけでは最後まで生産性を保てない。**時間を取って、学び直しとスキルの再習得に投資する必要がある**のだ。

そもそも、**これからの数十年で、労働市場に存在する職種は大きく入れ替わる**。古い職種が消滅し、新しい職種が出現する。今日、世界では100年前に雇用の多くの割合を占めていた農業と家事サービスの職が激減し、オフィス労働者の割合が大幅に上昇している。

　こうした職種の入れ替わりは今後も続くだろう。ほぼすべての職が、ロボットと人工知能によって代替されるか、補完されるからだ。事務・管理業務、セールスとマーケティング、マネジメントなど、あらゆる業務がその影響を受ける。

　したがって**私たち一人ひとりも大きく変わる必要があるし、企業などの雇用主や、社会と国家も大きく変わる必要がある。**

　こうして労働市場が激変していくなか、人生を組み立て直すのは決して簡単ではないだろう。多くの人は、いまも「教育→仕事→引退」という３ステップに従って生きている。しかしそれを１００年ライフで機能させるには、仕事のステージを長くする以外にない。長い年数を働き続けるのは、あまりに過酷だ。そして率直に言って、あまりに退屈だ。果たしてそれは「よい人生」と言えるだろうか。

　私たちは３ステージの人生の縛りから自由になり、もっと柔軟に、もっと自分らしい生き方を選ぶ道がある。それが、これから３ステージの人生に代わって登場する**マルチステージの人生**だ。

　もちろん何もかもスムーズにいくわけではない。

社会が人生の新しいステージを受け入れるまでには多くの壁がある。しかし、一つだけいえるのは、過去に機能した思考様式が未来も機能するとは限らない、ということだ。いまは個人もコミュニティも、企業も政府も、100年ライフに対応するための最善の方法をまだ見いだせていない。前述したように、ロールモデルもほとんど存在しない。しかし、いま生きている私たちは、**長く生きることを前提に人生の計画を立てなくてはならない**のである。

未来について正確なことは誰にもわからない。ただ、未来が次第に見えてくる過程では、社会で多くの実験がおこなわれ、多様性が強まっていく。つまり、そこには大勢の開拓者（パイオニア）が生まれるということだ。若い人ほど実験をおこない、新しい生き方を目指す可能性が大きくなる。

いま中年の人は、親の世代の生き方を踏襲し、無意識のうちに3ステージの人生を前提として生きてきたかもしれない。しかし、人生が長くなればそれは快適ではなくなる。ならば、**いますぐに新しい行動に踏み出し、長寿化時代への適応を始める必要がある**。

長寿化にともない、人生がマルチステージに再編されれば、誰もが多くの選択肢を手にし、これまでよりずっと柔軟な生き方ができるようになるのだ。

100年人生に対応する最善の方法はまだない

第2章

3ステージの人生は苦しくなる

老後の資金、いったいいくら必要？

長寿化。そう聞くと、多くの人が不安にかられてしまう。一番の心配の種は、老後の生活資金。たとえどんなに慎ましく暮らしていたって、生きていくにはお金が要る。

日本では２０１９年に厚生労働省が「老後の資金に２０００万円が必要」と発表して大騒ぎになったばかりだ。

本当に２０００万円も必要なのだろうか。

それとも、実際にはもっと必要になるのだろうか。

第一、自分が何歳まで生きるか本当のところはわからないし、老年になってどんな生活をしているのか具体的に想像しづらい。そもそも遠い先のことを考えるのに、不確定要素が多すぎるのだ。

とはいえ、ただ不安に思っているだけでは何も解決しない。ここではまず、**金銭面における不確定要素を暫定的に確定させて、おおよその目安を見ていく**ことにしよう。

もちろん人によって思い描く未来は違う。

どんな老後を過ごしたいか、何歳まで働きたいか。

引退後は趣味の登山を存分に楽しみたいという人もいるだろうし、書斎にこもって晴耕雨読の生活を夢見ている人もいるかもしれない。

また引退前にどんな働き方をしてきたか、どれくらい貯蓄をしているかも人によって異なる。

要するに、個人の状況や希望によって結論が大きく左右されるのが老後の生活資金だ。そのため、本書では三人の架空の人物に登場してもらい、彼らの１００年ライフの金銭面を見ていくことにしたい。

・俊夫　1945年生まれ
・貴弘　1971年生まれ
・萌美《めぐみ》　1998年生まれ

この三人はあくまでモデル。ただし、それぞれ別の世代に属しているので、長寿化が各世代にもたらす影響の違いを見てほしい。

たとえば俊夫の世代は、平均寿命が70歳前後。教育と仕事と引退という3ステージの人生が最もうまく機能した世代である。

現在40代半ばの貴弘、この世代の平均寿命は85歳。これまで3ステージの人生をお手本にして生きてきたけれど、それではうまくいかないことに気づきはじめている。中年といわれる年代になったいま、どうすれば将来の見通しを改善できるか考えるようになっている。

萌美の世代は、１００年以上生きる可能性が高い。この世代は、３ステージの生き方が自分たちの世代に通用しないことを知っていて、新しい人生の道筋を切り開こうとしている。人生設計の自由度が最も大きい世代だといえる。

あなたは、どの世代に最も近いだろうか。この三人のいずれかに当てはめてみてほしい。

さて、これから三人の人生のシナリオを具体的に見ていくが、老後をそれなりに暮らしたいと思った場合、最も知りたいことは次の2点だろう。

- いったい自分は何歳まで働く必要があるのか
- 所得の何パーセントを貯蓄に回せばいいか

ここでは議論をシンプルに、各世代の人生を比較しやすくするために、四つの要素を前

萌美 1998年生まれ

貴弘 1971年生まれ

俊夫 1945年生まれ

提事項として計算してみる。

四つの前提事項（※）

1 老後の生活資金をどのくらい確保したいか？
↓引退前の最終所得の**50**％

2 貯蓄や投資の利回りはどのくらいか？
↓長期で見て、年平均**3**％

3 所得がどのくらいのペースで伸びるか？
↓年平均の上昇率は**4**％

4 何歳で引退したいか？
↓**65**歳

※これらは計算の前提としての目安に過ぎない。実際には最終年間所得の50％の生活資金では足りないと感じる人が多いだろうし、投資は個人のリスク許容度などによって大きな差が生じる。また景気によって所得の伸び率は変わり、所得が減ることもありうる。ここでの前提は、将来をやや楽観的に見た場合の数字と考えてほしい。

３ステージの人生でＯＫ——１９４５年生まれの俊夫

　１９４５年生まれの俊夫は、20歳で大手鉄鋼メーカーに入社した。ときは高度成長期、今日よりも明日はきっとよくなると思いながら皆が懸命に働いていた時代だ（以下の登場人物の卒業年や平均寿命、それに関する数値は、『ライフ・シフト』に基づく。計算の前提が変わることを避けるためで、日本のそれとは必ずしも一致しないが、議論の大枠は変わらない）。

　地方から出てきた俊夫は、結婚し、勤め始めて10年後に都内近郊の住宅街に一軒家を購入した。定年退職する前にローンは完済。この時代の典型的な核家族で、もっぱら妻の富子が子どもの世話をした。富子がパートタイムで働きに出たこともあったが、一家の主《あるじ》たる稼ぎ手はつねに俊夫だった。

　俊夫は62歳で引退し、２０１５年に70歳で残念ながら世を去った。

　お金の面からいうと、俊夫は非常に良好な人生だった。なぜなら、老後の生活資金の源

俊夫の老後の資金想定

- 公的年金：○
- 企業年金：○
- 個人の蓄え：容易

必要な貯蓄：毎年所得の4.3％

が三種類しっかり存在していたからだ。

国による公的年金、勤め先の企業年金、そして個人の蓄えである。

俊夫は、最終所得の最大10％相当を公的年金から受給できた。また、多くの企業が企業年金制度を設けていた時代だったこともラッキーだった。長年にわたり会社勤めを続けてきた俊夫は、最終所得の20％程度の企業年金を受け取ることができた。あとは残り20％分の貯蓄をすれば足りたのだ。

さらに好材料なのは、42年という勤労期間に対し引退期間が8年にとどまったことだ。この場合、勤労期間の5年余りで引退期間1年分の資金を蓄えればいいことになる。割合でいえば、毎年所得の4・3％を貯蓄すれば、希望するだけの老後の生活資金を確保できたのだ。

もちろん、このほか住宅ローンの返済や、子どもの教育費などの蓄えも必要だ。また想定以上に長生きしたときのための資金も欲しい。実際には4％では足りない。

ただし、老後の生活資金に限っていえば、俊夫にとって、所得の4％余りを蓄えるのは決して難しいことではなかった。

俊夫は、政府と企業の支援が充実していたうえに、ゆっくり時間をかけて貯蓄することができた。

俊夫の3ステージ型人生

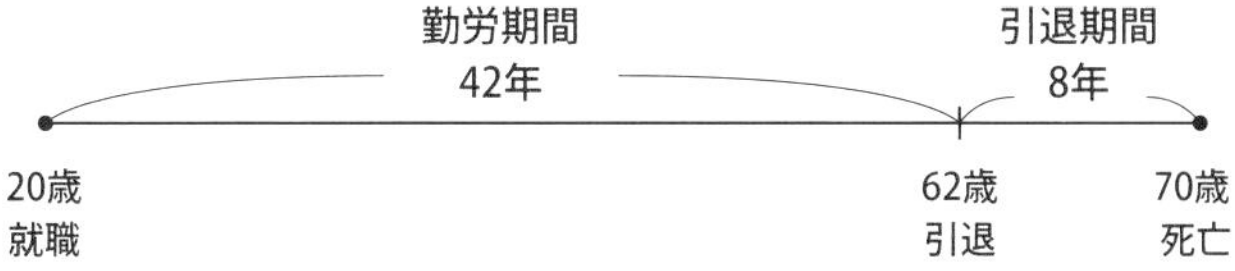

3ステージの生き方が、お金の面では非常にうまく機能していたのである。

3ステージの人生が軋む――1971年生まれの貴弘

日本の場合、政府の公的年金は賦課方式である。これは毎年の年金給付をその年の税金や保険料でまかなう方式で、多くの先進国ではこれが持続困難になりつつある。なぜなら、平均寿命が延び、そのうえ出生率も低下しているからだ。

出生率が下がれば、勤労人口の増加ペースが、引退人口の増加ペースを下回る。税収や保険料の収入が減り、一方で年金給付の支出が膨らむ。

1960年、日本の老年従属人口指数（勤労人口に対する引退人口の割合）は10％。つまり、年金受給者の給付金を勤労世代10人で負担していた。

しかし2050年になると、日本の老年従属人口指数は70％に上昇すると予想されている。勤労世代10人で、引退世代7人を支えなくてはならないのだ。

現在、日本では年金の受給年齢を引き上げたり、勤労期間を延長したりといった対応が

貴弘の老後の資金想定
- 公的年金：△
- 企業年金：×
- 個人の蓄え：難しい

必要な貯蓄：毎年所得の17.2％

取られているが、はたしてどこまで有効だろうか。

　貴弘は1971年生まれ、この世代の平均寿命は85歳。1992年に大学を卒業し、65歳（2036年）まで働いて引退するつもりでいる。

　貴弘は俊夫と同様、老後の生活資金を最終所得の50％は確保したいと思っている。しかし俊夫との大きな違いは、**企業年金がほとんどない**こと。さらに政府の公的年金も俊夫のように受け取れるかどうか心もとない。ただここでは、最終所得の10％相当の年金が支給されるものと想定しておこう。

　貴弘が65歳で引退するなら、彼は毎年所得の17・2％を貯蓄しなくてはならない。企業年金がもらえないから、自力で蓄える割合が2倍に跳ね上がる。それに勤労期間が44年であるのに対して、引退期間が20年続く。

　俊夫の場合、勤労期間と引退期間が5対1だったのに対し、貴弘はほぼ2対1。その結果、**毎年貯蓄しなければならない金額が大きくなる**のだ。

　しかも、これに加えて住宅ローンの返済や子どもの教育費など、ほかの大きな出費にも備えなくてはならない。どう考えても、非常に厳しい。

貴弘の3ステージ型人生

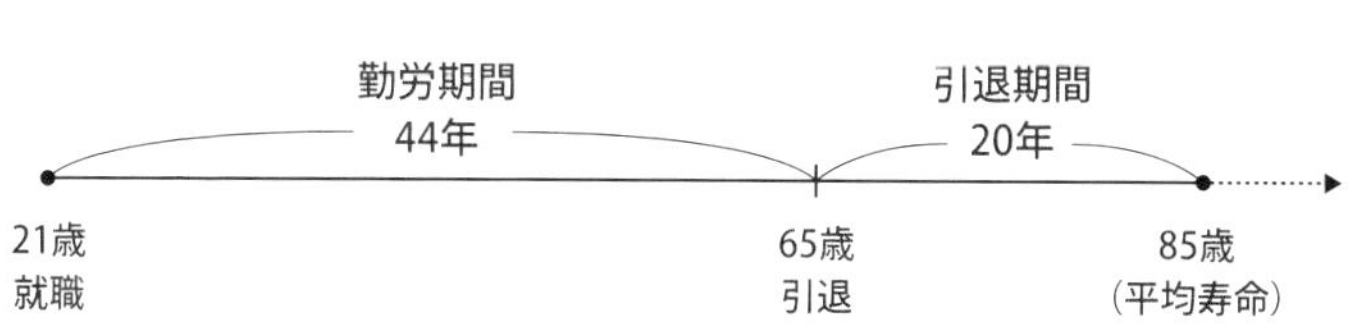

図3　引退年齢と貯蓄率の関係（寿命85歳の場合）

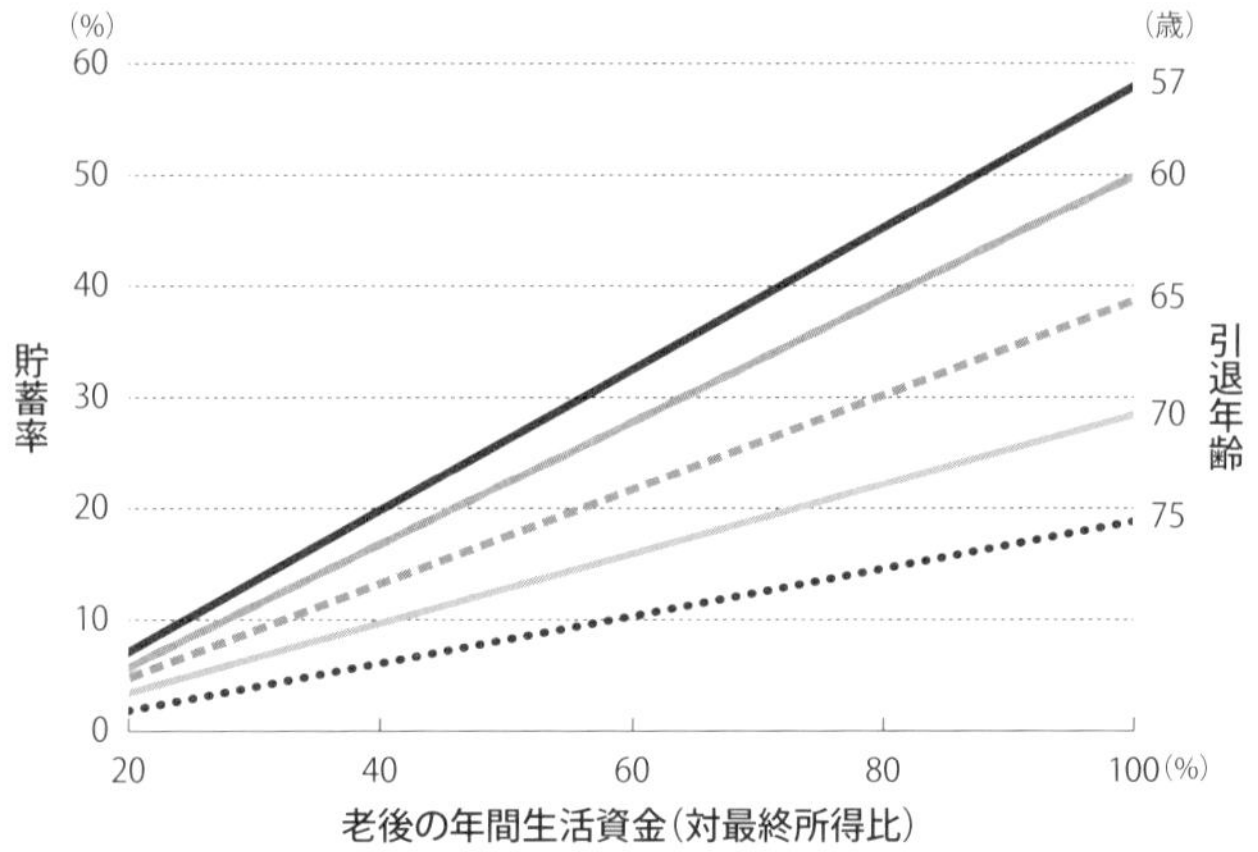

もっとも貴弘が65歳で引退せずにその後も働き続け、金銭面での負担を軽減するという選択肢もある。あるいは、老後の生活資金をもっと少なくすれば、65歳で引退することも可能だろう。

　貴弘のこれからの人生における、引退年齢と貯蓄率の関係については図3に記したので、これを見てほしい。引退年齢と、確保したい老後資金の水準に合わせて、勤労期間に必要な貯蓄率を示している。

　たとえば最終所得の50％の老後資金を確保したいと考え、引退期間を65歳ではなく70歳にしたら、どうだろう。この場合は、引退生活を送る年数は20年ではなく15年に減る。すると、勤労期間の貯蓄は13％くらいで済む。

あるいは、老後資金を最終所得の30％に抑えるなら、65歳で引退しても、貯蓄率は8％まで下げられる。

それなら慎ましく暮らして30％にしようと思う人もいるかもしれないが、そもそも50％という設定そのものがかなり控えめな数字なので、これを減らすのは現実には難しい。そう考えると、勤労期間を長くするしかない。

老後資金を最終所得の50％、達成可能な貯蓄率を10％としよう（本当は所得の10％を貯蓄するのも簡単ではないが）。

再び図3を見てほしい。このシナリオの場合だと、ちょうど70歳と75歳の線グラフの間に当てはまる。つまり貴弘は70代前半まで働かなくてはならないことになる。

政府は現在、希望する高齢者が70歳まで働けるよう企業に努力義務をもうける法案を検討している。長寿化社会に向けて、政府も企業も少しずつだが変わってきている。

少なくとも貴弘の世代は、**俊夫のように65歳で定年退職、その後は悠々自適の引退生活……という人生のシナリオを描くのは困難**になってきているのだ。

3ステージの人生が崩壊――1998年生まれの萌美

萌美のケースはどうだろう。1998年生まれで、2018年に成人式を迎えた彼女は、100年以上生きる可能性が高い。貴弘の世代より平均寿命が15年長いので、65歳で引退することを前提に3ステージの人生を送るのは、金銭面で成り立たないことは直観的に明らかだ。

しかも引退後、前提事項である最終所得の50％の生活資金を確保するには、勤労期間に毎年所得の25％を貯蓄しなければならない。

勤労期間を通してこの貯蓄率を維持するのは、不可能に近い。今日、多くの人の貯蓄率を大幅に上回る数字だからだ。

それにこの計算では、萌美は貴弘と同水準の公的年金を受給できるものと仮定している。しかし、すでに述べたように、そうはならない可能性が高い。もし公的年金をまったく受け取れないとすれば、勤労期間に必要な貯蓄は31％に跳ね上がる。

また俊夫の世代は、子どもである貴弘の世代に多少なりとも財産を残すことができた。

萌美の老後の資金想定
・公的年金：×
・企業年金：×
・個人の蓄え：難しい

必要な貯蓄：毎年所得の25％

3ステージの人生が経済的に機能していたからだ。しかし貴弘の世代はどうか。3ステージの人生が軋み始めているため、萌美の世代に財産を残せない可能性が高い。

要するに、**萌美の世代の多くは、65歳で引退する3ステージの生き方では、100歳を超す人生を経済的に支えられない**のである。

萌美の人生にもまた選択肢がいくつかある。それを示したのが図4だ。

たとえば老後資金を最終所得の30％に抑えるとするならば、70歳で引退しても、勤労期間を通して所得の10％を貯蓄すれば足りる。しかし貴弘の場合もそうであったように、最終所得の30％で暮らすのはかなり

図4　引退年齢と貯蓄率の関係（寿命100歳の場合）

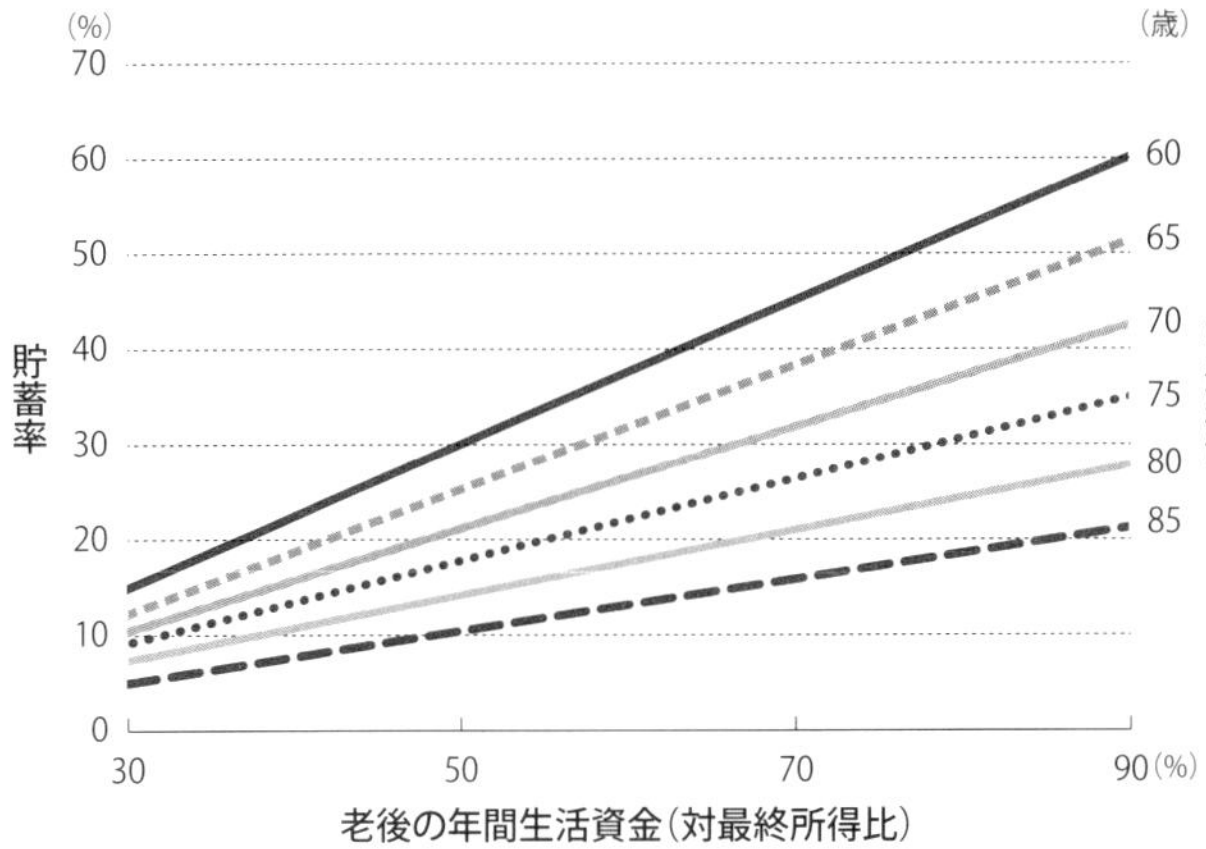

萌美の3ステージ型人生

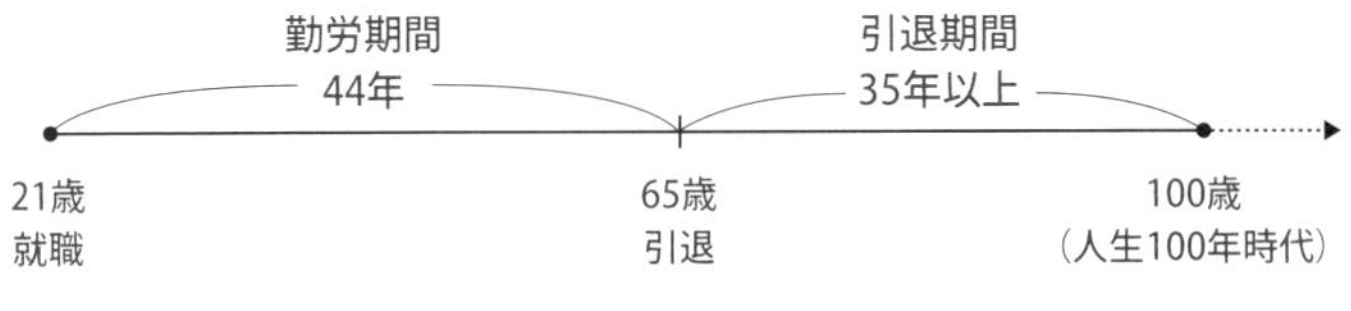

大変だ。しかも萌美は70歳から１００歳まで30年間もその生活水準で暮らすことになる。

引退してから、30年間をゴルフコースで過ごすのはあまりに退屈だ。それどころか、最終所得の30％で暮らし続けるなら、ゴルフコースに出ることもままならなくなる。

そう考えると、やはり少なくとも最終所得の50％の資金は確保したいところ。そして勤労期間の貯蓄も、所得の10％が現実的だろう。すると萌美の場合、80代まで働き続ける必要がある。

萌美は、俊夫の世代より30年長く生きられるが、20年長く働かなくてはならない。「やっぱり長寿化なんて最悪だ」と、うんざりした声が聞こえてきそうだが、これを厄災だと断定するのはちょっと待ってほしい。

3ステージ型仕事人生に別れを！

これまで１００年ライフにおける、三人の異なる世代の金銭面について見てきた。もちろんこれはあくまで目安に過ぎない。実際の一人ひとりの人生には、パートナーがいて、子どもがいて、最終所得も人それぞれだから、計算はより複雑になるだろう。

しかし総じていえるのは、長寿化時代、**ほとんどの人は今よりかなり長く働かなくてはならない**ということだ。賦課方式の公的年金制度は持続困難になり、ほとんどアテにならない。金銭面で苦労を強いられる老後を送るのか、それとも長く働き続けて懸命に貯蓄に励むのか……。

なんだか「お先真っ暗」だ。長く働くことは魅力的に感じられないし、いかにも疲れ切った人生を想像させる。

しかしそう感じるのは、**未来を過去の延長で考えているから**だ。3ステージの生き方に沿って、長い勤労生活を送るものと決めつけているからだ。

ここで発想を転換し、**3ステージの人生からの脱却**を目指そう。

3ステージの生き方の耐用年数はもう切れている。これまで見てきたように、長く続く老後の生活資金をまかなえない。ほそぼそと暮らすしかない。もし何とかしてまかなおうとするなら、仕事のステージを非常に長くするしかない。

ただし、仕事のステージが長くなって問題となるのは、生産性や活力など金銭以外の「資産」におそらく悪影響が及ぶという点だ。第5章で後述するが、満員電車に揺られて出

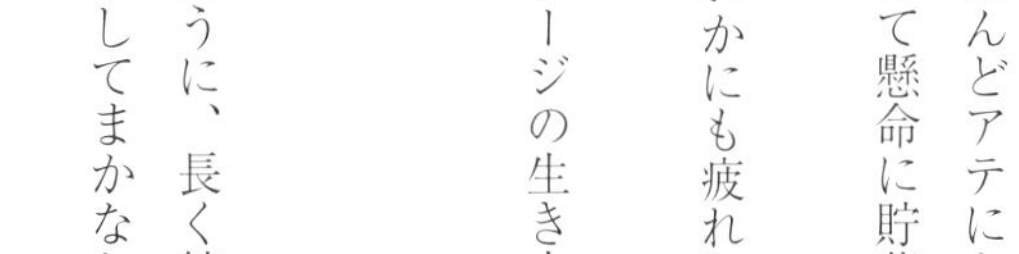

20代で教育を終えて、80代まで働き続ける……
3ステージの生き方の耐用年数はもう切れている

勤し、ときに残業してクタクタになって帰宅する。これを80歳になるまで続けたら、仕事の能率は落ち、リフレッシュするための趣味に割く時間も気力もなくなってしまう。夫婦の会話も減り、子どもとコミュニケーションをとる時間もなく、家庭生活も順調ではなくなるかもしれない。友人たちともだんだんと疎遠になっていくだろう。

「それならやっぱり遅くとも70歳で引退したい」と感じるかもしれない。

しかしこれはこれで問題なのだ。

長期の引退生活は、一見すると魅力的だが、はたして人は、何の刺激もない生活を何十年も送れるだろうか。

引退した人々を調べた研究によると、**不活発な生活を長期間続けている人は、認知能力が減退したり、人生に対する満足度が低下したりする**ことがわかっている。**人には適度な刺激が必要なのだ。**

延々と続く仕事のステージも数々の問題を生むが、だらだらと続く引退のステージもまた、多くの問題をはらんでいる。

さらに外部的要因も考えておく必要がある。

これから起こるであろう**雇用環境の変化も、３ステージの人生を次第に難しくする**だろう。今後、新しいテクノロジーが登場し、成長する産業と衰退する産業が出てくる。それにともない、新しい職種が生まれ、既存の職種に取って代わる。

過去１００年を遡ってみるだけでも、大きな変化があったことがわかる。

家庭生活では、洗濯機や掃除機、冷蔵庫などの家電製品が家にやってきて、自宅の屋内トイレは当たり前になっている。ラジオ、テレビ、そしてインターネットも誕生した。電話は一人ひとりが持ち歩くスマートフォンに変わっている。

産業構造も、農業など第一次産業から、レジャーなどのサービス業の割合が大きくなっている。昨今では、リモート勤務も増えつつある。人工知能が発達すれば雇用の空洞化も加速する。それでも、人間のほうが優位性を持っている職種は残るだろうし、いまは想像もできない新たな職種が誕生するだろう。

こうした変化は、おそらく１００年前の人々には想像だにできないものだったに違いない。いまも同じで、私たちは10年後の未来は予測できるかもしれないが、１００年後となると、もはや見通しを持つことすら難しい。

ただいえるのは、**萌美の世代は、俊夫と異なり生涯を通じてより多くの変化を経験し、より多くの不確実性に直面する**ということだ。

100年前には
想像もつかなかった
変化が起きている

俊夫の世代は、40年あまりの勤労期間を通して、20代前半で受けた技術的教育が60代まで時代遅れにならないように留意するだけでよかった。

80代まで働く萌美にこの方法が通用するとは考えにくい。労働市場の変化に対応するために、萌美は人生の途中で時間を割いて新しいスキルの習得に投資し、新しいテクノロジーを受け入れる必要がある。それをおこなうことにより、萌美は、３ステージではなくマルチステージの人生を生きることになるのだ。

ここではひとまず、次の点だけ押さえておこう。

俊夫にとってうまく機能していた3ステージの生き方は、貴弘には困難になり、萌美にはまったく実践不可能になる。

では、こうした変化を私たちはどのように受け止め、１００年ライフをどのように設計していけばいいのだろう。何に着目し、発想をどう転換すればいいのか、これから示していくことにしたい。

第3章
無形資産が人生を左右する

長く生産的な人生を送るには

寿命が延びれば働く期間が長くなり、貯蓄の重要性も高まる。長い人生の間に、産業や雇用のあり方も大きく変わる。これが、私たちに待ち受けている１００年ライフだ。

しかし、人生はお金と仕事の面だけではない。長寿がもたらす恩恵は、じつは、基本的に目に見えないものだ。ここでは**目に見えない、お金に換算できない、無形の資産**について見ていこう。

そもそもお金は確かに重要だが、ほとんどの人はお金を稼ぐことそのものを目的にはしていない。

私たちがお金を稼ぐのは、それと交換にさまざまなものが得られるからだ。

たいていの人は、やさしい家族、素晴らしい友人、高度なスキルと知識、肉体的・精神的な健康に恵まれた人生を「よい人生」と考える。これらはすべて無形の資産だ。

長く生産的な人生を築くためには、お金という有形の資産と同じくらい、無形の資産も重要なのだ。

そして**無形の資産と有形の資産とは、相互に関係し合う存在**でもある。

たとえば強力なスキルと知識という無形の資産がなければ、キャリアを成功させ、お金を稼ぐという有形の資産は得られない。また病気にかかってしまったり、家庭生活が不幸せだったりすれば、そのストレスにより、仕事の場での生産性や創造性も大きく損なわれてしまう。

無形の資産は、それ自体に価値があることに加え、有形の金銭的資産の形成を助けるという点で、長く生産的な人生を送るためのカギとなる。両者のバランスをとり、相乗効果を生み出していかなくてはならない。

もっとも友人関係や知識、健康などを「資産」と考える人はあまり多くないだろう。資産というと、お金や不動産などを思い起こす人が多いに違いない。しかし、これらを資産と位置づける発想は、100年ライフを生きるうえで欠かせない。

ここでは資産を次のように考えてほしい。

資産=ある程度の期間にわたり恩恵を生み出せるもののこと

長く生産的な人生を築くには
無形資産が重要

資産はしばらく存続する可能性がある反面、たいていは何らかの形で価値が下落していく。使用したり、放置したりすれば、価値が減少するのだ。したがって慎重なメンテナンスと投資をする必要がある。要するに資産管理が必要なのだ。

こう考えれば、友人関係や知識や健康を「資産の一種」と位置づけるべき理由がわかるだろう。

友情は一夜で消え去ったりはしないけれど、連絡を取らないままでいれば、いずれは価値が下がり、ついには消失してしまうのだ。

測定できる資産、できない資産

有形の資産と無形の資産の最も大きな違いは何かといえば、測定できるかどうかだ。客観的に測定できれば、値段をつけ譲渡しやすい。

たとえば銀行口座の残高は簡単に確認できる。マイホームの価値は、インターネットで

資産：ある程度の期間にわたり恩恵を生み出せるもの

調べればだいたいわかる。将来受け取れる年金額も、細かく調べることが可能だ。こうした有形の資産は、把握し、管理することもたやすい。

一方、無形の資産は、物理的な実体を欠くので、価値を測定したり売買したりすることが難しい。

とはいえ、なかには価値が測定しやすいものもある。

たとえば健康や活力のレベルは、健康診断を受ければ、前回に比べて改善したのか悪化したのかがわかる。ある種のスキルと知識も、テストや認定試験などで測ることが可能だろう（ただしこのような方法で測れるのは、主として言葉として表現できる知識であり、暗黙知はどうしても測定が難しい）。

友情やその他の人間関係はどうだろう。ほとんどの人は、人間関係の状態をある程度把握しているが、それを数字で表現するのは難しい。

ことほどさように、無形資産のなかには直接的に数値計測できるものもあれば、別の指標で間接的に計測できるものもある。増えているか減っているかという漠然とした評価しかできないものもあれば、まったく計測しようもないものもある。

さらに、無形資産のなかには、もっと重い価値があり、それゆえに値段をつけて売買できないものもある。あるいは、その資産の性質と形成過程ゆえに、売り買いできないケースも多い。

たとえば、80歳のときに一生の友人を「購入」することはできない。というより、友情は、何歳であっても金で買えるものではない。こうした市場で売買できない無形資産は、計画や投資がひときわ難しい。それは有形の資産とは対照的だ。

有形の資産への投資は、決定のやり直しがきく（＝撤回可能性）。購入した家は売却することができるし、株式に投資したあとでそれを売り、その金を引退後の生活資金に回すこともできる。

また**売買しやすいので、代わりを見つけることが比較的容易だ（＝代替可能性）**。家を売ってほかの家を買ったり、お金を株式から現金に換えたりすることは、それほど難しくない。

しかし**無形資産は、撤回可能性も代替可能性もない**。引っ越しするというとき、それまでの地元の友人を売って、引っ越し先で新しい友人を買うことは不可能だ。また自分のスキルの価値が落ちてきたとしても、そのスキルを売り、別のスキルを買うわけにはいかない。だからこそ、無形資産への投資は慎重におこなう必要がある。そして、あるとき突然、資産が価値を失うことにも警戒しなくてはならない。自然災害でマイホームの価値がゼロ

有形資産は価値を
測定しやすい

になるように、外的要因により、無形の資産の価値がなくなる場合もあるからだ。

三つの見えない（無形）資産

こうした無形の資産は、個人的資質にまで広げて考えることもできる。たとえば一般知能、健康に影響を及ぼす遺伝的要素、成育環境（教育レベルの高い裕福な家庭で育ったことなど）、基本的な人格特性（前向きな性格、社交的な性格など）といったものだ。これらもまた無形資産に分類できそうだ。人の運命は、多くの遺伝的・先天的な要素の影響を受ける。

ただしここでは、こうした生まれつきの要素は除くことにする。どんなにあがいても（美容整形以外で）美しい外見になったり、より知能が高くなったりはできないからだ。嘆いていてもはじまらない。これら生まれつきの要素は所与のものとみなし、本人の選択によって影響を及ぼせる要素に焦点を絞ろう。

生まれつきの要素を除いても、無形資産には多くのものがある。長寿化との関係を基準に、三つのカテゴリーに分類してみよう。

1 生産性資産

人が仕事で生産性を高めて成功し、所得を増やすのに役立つ要素のこと。スキルと知識が主たる構成要素だが、ほかにもさまざまな要素が含まれる。

2 活力資産

大まかにいうと、肉体的・精神的な健康と幸福のこと。健康、友人関係、パートナーやその他の家族との良好な関係などがこれに当たる。

3 変身資産

100年ライフを生きる人たちは、その過程で大きな変化を経験し、多くの変身を遂げることになる。そのために必要な資産のことで、自分についてよく知っていること、多様性に富んだ人的ネットワークを持っていること、新しい経験に対して開かれた姿勢を持っていることなどが含まれる。

この三つの無形資産について、さらに詳しく見ていこう。

無形資産① 生産性資産

あなたのキャリア形成に役立つ資産

生産性資産は、仕事の生産性を高め、所得とキャリアの見通しを向上させるのに役立つ資産だ。もちろん生産性のみならず、人の幸福感全般を高めるうえでも非常に重要である。最もわかりやすい生産性資産は、長年かけて身につけたスキルと知識だろう。知識を蓄えるには、相当な時間をつぎ込まなくてはならない。教育を受けたり、特定分野の仕事で実践を通じて学んだり、コーチやメンター、同僚の話を聞いたりする必要がある。それに加え、前述のようにテクノロジーの進歩は産業構造や雇用の分野を加速度的に変化させるだろう。それを考えると、生産性資産の価値はさらに増す。

私たちはどのように投資をおこない、どの分野のスキルと知識を身につけるべきだろうか。

まず押さえておきたいのは、学習と教育は大きな金銭的恩恵をもたらしているということだ。たとえば大卒と高卒とでは年収に格差が生じる。

厚生労働省の「平成28年賃金構造基本統計調査」によると、大学・大学院卒男性の平均年収（全年齢）が３９９万７０００円、高卒男性は２８８万１０００円。大卒と高卒とでは年間で約１１０万円の差がつく。

生涯で最も稼ぐ50～54歳の平均年収を見ると、大学・大学院卒の男性の平均年収は５３５万２０００円、高卒男性は３４７万円で、年間２００万円近くの差が生じている。

また、これまで教育とテクノロジーは抜きつ抜かれつの競争を続けてきた。テクノロジーが進歩して、それを使いこなせる高スキル労働者への需要が増加するペースに、教育によって高スキル労働者が供給されるペースが追いつかなければ、高度なスキルの持ち主に支払われる賃金は上昇する。一方、スキルを持たない低学歴層の賃金は下がり、所得格差は広がる。

日本では、大学・短期大学の進学率が57・９％（２０１８年）。もはや大卒者は珍しくない。テクノロジーの進歩がさらに続けば、長くなった人生の一部の時間を使って大学院に進もうと考える人が出てくるだろう。それが労働市場での差別化要因になりうるのだ。

生産性資産：仕事の生産性を高め、所得とキャリアの見通しを向上させる資産

ただ、将来どこかで大きな転換点が訪れるかもしれない。教育に時間と金を費やしても十分な金銭的恩恵にあずかれない時期がくるとしたら、高学歴化の進行が止まる可能性もある。少なくとも、スキルと知識の獲得に関して「なに」を「いつ」「どのように」おこなうかが様変わりするだろう。

１００年ライフが当たり前になれば、人生の早い時期に、一度にまとめて知識を身につける時代は終わるかもしれない。キャリアの初期に身につけた専門技能を頼りに、長い勤労人生を生き抜けるとは考えにくい。生涯を通して新しいスキルと専門技能を獲得し続けることが一般的になるだろう。

どんな専門性を身につければよいか

ではどんな専門技能を身につければよいだろう。ここでは一人ひとりの人生を取り上げることは難しいので一般論になるが、大前提となるのは、自分が情熱を燃やせて、興味の持てる分野であること。要するに「好きなこと」はなにかを考えてみることがスタートとなる。

とはいえ、お金の問題も無視できない。長い人生を送るためには、所得を確保することがより一層重要になってくるからだ。

目を向けるべきポイントは次の3点だ。

①経済的な価値と希少性があること
②模倣困難であること
③機械によって代替されにくいこと

①は、要するに有益なものとして需要があるかどうかだ。また大学院教育を受ける人が増える背景には、希少性への期待がある。②は、ライバルより優位に立つために必要だ。ただしテクノロジーの進歩により、③の条件を満たすことは難しいかもしれない。どのスキルや知識が機械（とりわけ機械学習と人工知能の進歩）に代替されにくいかという点は、学習と教育に関する選択をするうえで最も難しい要素だ。「○○を選べば人生勝ち組！」などという仕事や業種は存在しない。たとえあったとしても、100年後までそれが続くわけではない。

「好きなこと」は
なにかを考えてみよう

ただ、これだけはいえる。

テクノロジーがさらに進歩する時代、教育と学習と研究は、次の3点であなたのキャリアを後押しする、ということだ。

①新しいアイデアと創造性を育むのを助ける

将来的には、イノベーション能力と創造性の価値が大きくなり、アイデアの創造を後押しする教育の重要性が高まる。19世紀は産業革命の時代、物質資本が経済の原動力だった。20世紀は、教育と人的資本が大きな価値を持った時代だった。そして21世紀は、他人が複製したり購入したりできるようなアイデアとイノベーションを創出することを通じて、経済的な価値が生み出される時代になる。

②人間ならではのスキルと共感能力を発揮できるようにする

なにかの事象から情報を取り出すのは、人工知能でもできるようになる。むしろこれからの私たちに求められるのは、高度な直観的判断、対人関係、チームのモチベーションの向上、そして意思決定に関わるスキルだ。たとえばデジタルテクノロジーを用いた教育が、紙の教科書と教室での授業に取って代わったとき、教師に強く求められるのは、共感、モチベーション、励ましなど繊細な対人関係のスキルだ。人間ならではのスキルと人間による判断の重要性が増すのである。

③思考の柔軟性や敏捷性など、あらゆる分野で通用する汎用スキルを育む

高度な専門技能を身につければ、そのスキルの経済的価値は大きくなる。しかし問題は、一つの分野の専門技能を習得するだけでは、おそらく長い勤労人生を通して生産性を維持できないことだ。新しいテクノロジーが登場するペースの速さを考えれば、どのような専門技能もいずれ時代遅れになる可能性が高い。勤労人生の途中で専門分野を変更しなくてはならないケースが増えるだろう。

それにともなって、学校教育は次第に、あらゆることの土台になる分析能力や思考の原則を築く場になっていく。そうした土台を築ければ、柔軟性とイノベーション精神を発揮し、いくつもの分野で活躍できる。長い勤労人生、途中で職を変えたり業種を移ったりするケースが増えれば、評価が高く、どこでも通用するスキルや知識を持つことの重要性が一層高まるのだ。

人脈と評判も重要な資産となる

スキルと知識は、個人的性格がきわめて高いもののように思うかもしれない。しかし、どのように知識を習得し、どのくらい生産性を発揮できるかは、ほかの人の影響を受けて決まる面が大きい。ある実験から、**個人の生産性は、その人の能力のみならず、周囲の環境や人的ネットワークに助けられている**ということがわかっている。

また、ある人のスキルをどのくらい成果に転換できるかは、会社によって大きく異なる。自分の知識を最大限生かしたければ、どの会社で働くかを慎重に見極めなくてはならない。**人脈や人間関係は、生産性資本の重要な要素**だ。

強力な人間関係を築いている人は、ほかの人の知識を容易に取り込み、自身の生産性を向上させ、イノベーションを促進できる。高い信頼性と評判のある人たちとの緊密な協力関係を築くことにより、自分が個人で蓄えているよりずっと広い知識と見識が得られるのだ。

また、生産性を高めるには、私たち一人ひとりの評判も重要だ。信頼とかブランドと言い換えてもいいだろう。

せっかく価値のあるスキルや知識を持っていても、好ましい評判を得ていなければ、それを生産的に活用できない。誰もが、定評のあるブランド企業や、高い評判を得ている個人と関わりたい。逆に、評判がよくない人は、質の高い仕事仲間のネットワークを築けない可能性が高い。

評判という無形の資産を得るには、投資をおこない、時間を費やさなくてはならない。最初のうちは、所属によって決まる面もある。ただ次第に本人の行動に対する評価が評判を左右するようになるだろう。

また、評判は自分でコントロールできないことも知っておいたほうがいい。人は、自分の経験から直接情報を得る場合もあるが、他人の評価という間接情報で判断するケースも多いからだ。

いくつもの企業や業界を移り、スキルを変えながら長く働く時代、キャリア全体を貫く要素の一つが評判であり、これは有益な資産の一つとなる。新しい分野に移るときに役立つのは、汎用的なスキル・知識と良好な評判の組み合わせだ。公正さと誠実さ、実行力、柔軟性、そして信頼性に関する高い評判は、さまざまな役割や職で価値がある。

人脈と評判は無形資産を育む

無形資産② 活力資産

幸福感と充実感を得るための資産

よい人生を送るために何が必要か。健康、友人、愛を挙げる人が多い。このような要素を「活力資産」と呼ぶことにする。

私たちに幸福感と充実感を与え、やる気をかき立て、前向きな気持ちにさせる無形の資産である。

この活力資産を維持するには、まず健康に留意することだ。長寿化時代といっても、誰もが当たり前に長生きできるわけではない。寿命が延びていったのには、栄養状況の改善、医療とテクノロジーの進歩、医療にお金を回すための経済力の向上なども挙げられるが、何より健康に関する知識の普及とライフスタイルの改善が果たした役割も大きい。

これから先の長寿化時代には、健康の価値が一層大きくなる。50歳のときに病気で働けなくなることのダメージは、寿命70歳の時代より、寿命100歳の時代のほうがずっと大きい。不健康の代償は、経済的な面でもそれ以外の面でも甚大なものになりかねないのだ。

もう一つ大事なことは、明晰で健康な脳を保つ必要があるという点だ。いささか奇異に感じられるかもしれないが、最近の科学界においては、筋肉を鍛えるように、脳を繰り返し使用して訓練を積めば、機能を高めたり、ダメージからの回復を後押ししたりできるという。

いままでは、年齢を重ねるにつれて脳の機能は衰える一方だと考えられてきた。しかしさまざまな研究によって、加齢で脳の機能が低下するペースは、約3分の1が遺伝的要因で決まるが、残りは生活習慣で決まることがわかってきている。具体的には、日々の行動、コミュニティとの関わり方、人間関係の強さ、肉体的健康、食事などが関係するという。

脳に関する研究は始まったばかりだが、体を動かすことは、脳の機能低下を避ける効果があるようだ。ほかには低脂肪食、野菜と果物と脂分の多い魚、オメガ3脂肪酸とビタミンB_{12}、そして知能トレーニングと頭脳エクササイズなどの有効性が指摘されている。もっとも、どのくらいの効果があるかはまだわかっていない。

また、ストレスについても考慮する必要がある。

厚生労働省の調査によると、仕事や職業生活に関して、強いストレスを感じている労働

活力資産：幸福感と充実感を得られ、やる気を
かき立てられ、前向きな気持ちになれる資産

者の割合は58％に上っている。ストレスの具体的な内容は「仕事の質や量」「仕事の失敗、責任の発生等」「対人関係（セクハラ、パワハラを含む）」などだ（平成30年「労働安全衛生調査（実態調査）結果の概況」より）。

活力資産を構築し、維持していくためには、こうしたストレスの発端となる要因をうまく管理する必要がある。

ポイントとなるのは、職場と家庭とが感情面で切っても切れない関係にある点だ。何らかの事情で家庭がうまくいっていなければ、疲労感や罪悪感など負の感情が仕事にも影響するし、仕事で大きなストレスを感じていれば家庭にもその感情が伝播する。家庭で抱える問題が気になって仕事に集中できないとか、仕事で疲れ果てて家族の話に十分耳を傾けてやれなかったという経験をしている人は少なくないはずだ。

逆もまた然りで、家族の支えを感じてリラックスして出勤し、前向きな感情を職場に持ち込めば、好ましい伝播効果が生まれる。仕事も充実し、新しいスキルを身につけ、興味深い人的ネットワークを築いて、その前向きな感情や財産を持って家に帰れば、ここでもまた好ましい伝播効果が発生するのだ。

「自己再生」の友人コミュニティ

自分と同じような考え方を持つ仕事上の仲間は、生産性を維持する助けになる。一方で、精神面での健康と幸福を維持し、活力資産の形成に役立つのは、前向きな親しい友人たちのネットワークだ。それは私たちに支えと安らぎを与えてくれる。つまり**「自己再生」の友人コミュニティ**だ。

実際、ほかの人たちとの結びつきが強い人は、**孤立している人に比べて活力があり、エネルギッシュで前向きな傾向が見られる**ことが、さまざまな調査によって明らかになっている。

こうした「自己再生」の人的ネットワークは、仕事上の仲間とはやや性格が異なる。たいていは**深く結びついた友人同士の間で成立し、長い時間をかけて形づくられる**。たとえば幼なじみ、学生時代からの地元の友人、あるいは仕事の世界に入ったばかりの頃の同期など。いずれも人間関係の形成に関して柔軟な時期である。

長い年数をかけて築かれているから、話題も多面的だ。お互いに、相手について知っているのは職場など特定の一つの場面だけではない。子ども時代のいたずらや、当時は一大事だった恋愛の話、旅行先での数々の思い出、仕事上のミスや成長など、いくつもの場面を知っている。そのため、共有している関心事もおのずと多い。これらは友情を長続きさせ、深いものにするうえで大きな意味をもつ。

もしその関係が壊れたり変質したりすれば、私たちは動揺し、ときには落ち込むだろう。それくらい感情的要素が大きいからこそ、自己再生の友人関係は、私たちの活力を強力に支えられるのだ。家庭や職場での悩みを友人に聞いてもらってスッキリしたり、前向きな気持ちになったりした経験を持つ人もきっと多いはずだ。

とはいえ、１００年ライフでは、感情のこもった強い友情を維持することは難しくなる。同時に、そうした友人関係の価値はますます大きくなる。

関係の維持が難しくなるのは、長い人生の過程で多くの転機を経ると、アイデンティティの意識が変わり、友人との絆が弱まったり、ことによると断ち切れたりするからだ。一方、価値が増すのは、それが生涯を通じたアイデンティティの土台となる場合があるからだ。

3ステージの人生における無形資産

ここで、俊夫の生涯における有形資産と無形資産について見てみよう。無形資産の価値を数値で測定することは難しいが、時間の経過とともに減ったのか増えたのかを捉えることはできる。

俊夫は大学に入学し、スキルと知識を築き始める（生産性資産への投資）。この教育のステージで俊夫の生産性資産は増加し、同じ専攻の学生たちとの友情も育む。

俊夫は優秀な成績で卒業、評判も確立する。学生生活を楽しむなかで自己再生の友人関係を形成し、将来の妻となる女性とも知り合う。もともと好きだった野球のほか、ゴルフも始めた。この期間、「生産性資産」と「活力資産」は上向きだが、学費ローンと家賃の支払いで有形資産は縮小せざるを得ない。

卒業後は大手鉄鋼メーカーN社に入社。職場で上司や先輩に教わりながら仕事を覚えていく。こうした実務を通じた学習を別にすれば、価値のある新しいスキルや知識にはあまり投資をしない。俊夫は28歳で結婚し、32歳のときに多額のローンを組んでマイホームを購入する。

昇進を目指して仕事に打ち込み、一家の生計を立てるためにお金を稼ごうとする結果、家族や友だちと過ごす時間は減らさざるを得ない。まだ子どもが小さいのに、過酷な仕事を終えて帰宅するときはいつも疲れ切っている。職場と家庭の感情的なエネルギーの流れはマイナスとなり、俊夫は消耗していく。

俊夫と同世代の人々にとって、この時期は、長時間労働に追われながら家庭を築く慌ただしい日々となる。

仕事でも優秀な業績を収めた俊夫は、50歳を過ぎ、幹部として多くの部下をまとめマネジメントする立場になった。ただこの頃になると、蓄えていたスキルと知識の価値は縮小し始める。また地位が高くなり、新しく仕事仲間のコミュニティを築くことがそれまでより難しい。いつも決まったメンバーとともに会議や出張に出るため、新しい考え方に触れさせてくれる人的ネットワークも十分にない。

生産性資産はすり減り続ける。ただ、キャリアの初期に築いた小規模な仕事仲間のネットワークに助けられ、最初に習得した専門知識がまったく通用しなくなる前に定年退職。それまでに住宅ローンは完済し、老後の資金も貯めることができた。

引退後は、貯蓄を切り崩しながら生活する一方、少年野球チームのコーチを引き受けたりして、再び肉体的・精神的健康に投資し始める。また妻の富子がママさんバレーを長年やっていて、そこで築いたコミュニティに俊夫も加わり、数組の夫妻で登山や旅行を楽しむようになった。俊夫の世代の多くの人たちにとって、引退生活は満足感を味わえる幸せな日々だ。

さて、俊夫の生涯における有形資産と無形資産の特徴は、**「仕事」のステージにおいてもっぱら有形資産を築くことに力を入れ、無形資産への投資があまりに少ない**ことだ。

俊夫の世代は、男性が一家の大黒柱として稼ぐことが当然とされていた。俊夫もまた仕事中心の日々を送っている。この間、無形資産の構築・維持を担うのは妻の富子。子どもの世話や、地域コミュニティ、友人との付き合いは富子が一手に引き受ける。**夫婦の行動と意欲が一体になることで、家族全体の人生のバランスが取れていた**のだ。俊夫が幸せな引退生活を迎えられるのは、勤労期間に妻が無形資産の構築・維持に専念してくれるからにほかならない。

ただしこの数十年、こうした夫婦のあり方は様変わりしてきた。女性の社会進出が大きな要因だ。これまでのように夫が有形資産、妻が無形資産と役割を分担するのではなく、夫婦の両方がキャリアを追求し、職を持ち、所得を得る家庭が増えていく。

そのほうが老後の生活資金を貯蓄しやすいというメリットがある。しかし一方で無形資産をどのように維持するかという問題が生じる。

俊夫の人生における「無形資産」の特徴は、次のとおりだ。

「生産性資産」への投資は教育期間と勤労期間の序盤に集中している。しかも金銭的資産を増やすことが偏重される結果、「活力資産」はほぼ無視される。

このようにバランスを欠いた3ステージの人生は、俊夫の場合には妻の協力もあってうまく機能するかもしれないが、**人生が長くなれば最適の生き方とはいえなくなる。**過酷な勤労期間が長く続くと、「活力資産」が磨滅しすぎ、「生産性資産」の価値も次第に低下していく。そのうち疲れ切って、金がすべてというような価値観に縛られてしまうようになるかもしれない。

いずれにしても、3ステージの人生で有形資産と無形資産のバランスを取ることは難し

俊夫の資産形成——活力資産はほぼ無視される

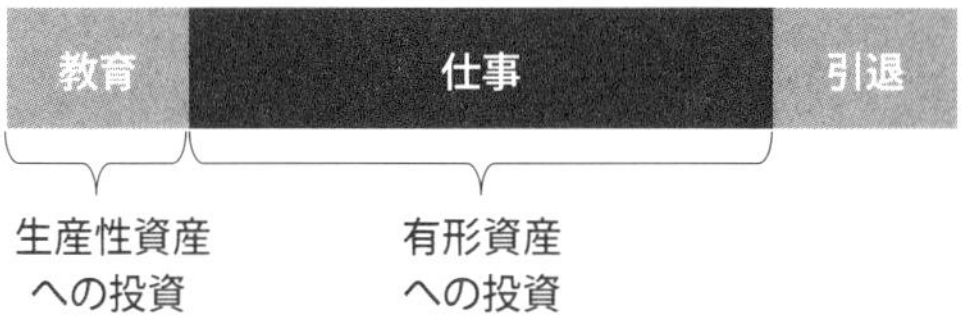

い。そうなると、必然的にマルチステージの生き方が広がっていくことになる。そのために必要なのが次に紹介する「変身資産」だ。

無形資産③　変身資産

ステージの移行を成功させる意思と能力

これからの時代に予測できることは二つある。

一つは、最初の教育期間が長くなるということだ。無形資産の獲得と蓄積に時間を割くことにより、長い勤労期間に待っている激変に備える。また、教育に長い年数を費やせば、テクノロジーの陳腐化に対処するうえで重要な専門性を高めることができるだろう。

もう一つは、勤労期間が細切れになることだ。知識の蓄えが底をつき、健康とモチベーションが枯渇し、友人や家族との結びつきが断ち切れるのを避けるために、大半の人はキャリアをいくつかの段階に分割することを望むようになる。産業構造が激変していく中、頻繁にリフレッシュし、スキルを学び直す期間を設ける必要性が高まる。

有形資産と無形資産のバランスを取るため、マルチステージの人生を生きるならば、「変身資産」を築かなくてはならない。これは、**人生の途中で変化と新しいステージへの移行を成功させる意思と能力**だ。

俊夫が「仕事」のステージにいた頃、日本の企業は年功序列と終身雇用を採用し、社員を家族のように見守り、育ててきた。しかしいまは違う。

雇用の流動性が当たり前になりつつある時代に育ったのが貴弘だ。社員旅行を皆で楽しむ企業風土はもうない。組織は、個人が自己の目標を追求する場ないし手段と位置づけられるようになった。

貴弘が俊夫より多くの変化と移行を経験するとすれば、萌美が経験する変化と移行は、それに輪をかけて多い。萌美の場合、勤務先だけでなく、おそらく働く業種も変わるだろう。そして彼女が生涯に経験する最も重要な移行は、リストラや倒産といった外的要因によって強いられるものではなく、無形資産の基盤を維持するために自発的に乗り出すものになる。要するに自ら「変身」していくのである。

働く期間が細切れになり、移行期が生じる

「自分」をより深く知ることを意識する

変身を成功させるには、**自分についてある程度、理解している**ことが不可欠だ。

俊夫のように伝統的な勤労人生を送った世代にとって、アイデンティティの一部は、その人が占める立場と役割によってもたらされていた。しかし長い人生を送るようになれば、その人がどこから出発したかより、何をするかがアイデンティティを大きく形づくるようになる。アイデンティティは、引き受けるものや親から受け継ぐものというより、丹念につくり上げるものになったのだ。

そのプロセスでは、自分についての知識が大きな意味を持つ。

自分のことをよく理解するために有効なのは、**ほかの人たちに意見を求め、それについて内省すること**だ。自分と世界についての認識に新しい情報を加えるだけなら誰でもできる。変身資産を積極的に築こうとする人がほかの人と違うのは、単に情報を加えるだけでなく、自己認識と世界の見方を変更することだ。

「一家の大黒柱? きみは結構古い価値観を引きずっているね」

変身資産：人生の途中で、変化と新しいステージへの移行を成功させる資産

と友人からいわれたら、実際にあなたはどう感じるだろう。

「確かにそういう面があるかもしれないな」

と思うだけなら、誰でもできる。

なぜ友人がそういったのか、なぜ自分の中にそうした価値観が形成されたのか、古いというのはどういう意味か、ほかの同世代の意識はどうか、それらを考え、改める必要があれば柔軟に変えていく姿勢こそが求められる。

その結果、自分についての理解が広く深くなり、いくつもの要求と不確実性に対処する能力が高まる。そして「**ありうる自己像**」についても深く考えるようになる。

「ありうる自己像」とは、**未来の自分がどのような人間になり、どのような行動を取る可能性があるか**ということだ。将来どうなりたいかを表す場合もあれば、どのような未来を避けたいかを表す場合もある。

「ありうる自己像」は、自分についての知識と組み合わさって、未来に取るべき行動へと私たちを促す強力なインセンティブになる。

自分についての知識は、変化を遂げるための道筋を示す。のみならず、人が変化を経験しながらもアイデンティティと自分らしさを保てるようにする役割を持つ。

自分についてよく理解している人は、人生に意味と一貫性を持たせる道を選びやすい。

そのため、いくつもの移行期があっても、過度に落ち着きのない人生を送らずに済む。

独りぼっちでは変身は成し遂げられない

変身を遂げるためには、多様性に富んだ新しい人的ネットワークも必要だ。アイデンティティは友人関係やその他の人間関係に深く根差しているので、移行するときにはどうしても交際範囲が変わらざるを得ない。具体的には、ロールモデルになり、意気投合できる人物、自分と同様の移行を経験した人物を探すことになる。そうした人物を通じて、新しく踏み出そうとしている世界の流儀を学んでいく。

新しい人的ネットワークを築けば、古い友だちの一部と疎遠になることは避けられない。古くからあなたのことを知っている人は、あなたの変身を助けるのではなく、妨げる可能性が高い。「自己再生」のコミュニティも、同質性が高い集団なので、メンバーに変化を促すよりも同質であり続けることを後押しする傾向が強い。

いろいろなタイプの人と出会いたければ、大規模で多様性に富んだ人的ネットワークの中で探すべきだろう。そこにロールモデルがいるかもしれない。

こうしたネットワークは、職探しにも役立つ。

ある研究によれば、職探しで重要なのは「何を知っているか」ではなく、「誰を知っているか」だという。

しかも職に関する有益な情報は、たいていは友人の友人など、それほど緊密な関係にない知人から寄せられる。

なぜこうしたことが起きるかというと、親しい友人グループは、一人ひとりが持っている情報が重複しているからだ。知っていることがおおむね同じ。だからこそ、多様性に富んだ新しい人的ネットワークが「変身資産」として重要になる。

そしてもう一つ、「変身資産」を高めるために不可欠な要素が、**新しい経験に対して開かれた姿勢を持っていること**。

過去に例のない大胆な解決策を受け入れる姿勢、古い常識ややり方に疑問を投げかけることをいとわない姿勢、画一的な生き方に異を唱え、人生のさまざまな要素を統合できる新しい生き方を実験する姿勢を持っていなくてはならない。

私たちの日常生活の多くは、決まった行動パターンで構成されている。そうした習慣が

変身資産を育むために必要なこと
- 自分に対する理解：ありうる自己像を考える
- 多様性に富んだ新しい人的ネットワークを広げる
- 新しい経験に対して開かれた姿勢を持つ

あるからこそ、生活が落ち着き、アイデンティティが形成され、仕事に取り組む環境が整えられる。

しかし変身のプロセスでは、場合によっては過去とほぼ完全に決別し、既存の行動パターンが頼りにならない新しい道に踏み出すことも検討しなくてはならない。もちろんいつもの行動パターンが脅かされるから、私たちはしばしば不安にさいなまれる。これでいいのだろうか、と迷うことも出てくる。

ほとんどの人は不安や迷いを避けたいがために、新しい経験に対して背を向ける。そして変身をしない理由をいくつも見つける。しかし１００年ライフを見据えるならば、**新しい経験にチャレンジしていく勇気**を持とう。

自分の人生を自分で決めることには、リスクがついて回る。多くの選択肢と向き合わなくてはならないからだ。不安や迷いは心地よいものではないが、適応を促し、新しいやり方を受け入れるように背中を押す場合がある。新しい経験に対して開かれた姿勢を持っていることが、**変身資産にダイナミズムをもたらす**のだ。

第4章

人生はマルチステージ化する

「ありうる自己像」をイメージしてみる

昔ながらの3ステージの人生では、人生の計画と自己内省はほとんど必要とされなかった。なぜなら、大学を卒業したら就職し、サラリーマンとなり、定年まで働いたあとは引退生活を送る、といった具合に、自分の人生を見通すことができていたからだ。**自分の未来に確実性と予測可能性があった**といえる。

しかし人生が長くなれば、不確実性は拡大する。

将来、どのような種類の職があるか？

どのような教育が必要とされるか？

自分はどういう人物になりたいのか？

何を目標とするか？

こうした点は予測できないことが多く、未来に向けて、いまからまっすぐの一本道を描くことはできない。それは現実離れした単純すぎるシナリオになってしまう。

また、未来の予測がつかないために、私たちは**自分の未来について過度に楽観的なシナ**

リオを描くか、過度に悲観的なシナリオを描くかになりがちだ。

悲観的な考え方をしすぎると、人は適切な選択をすることに及び腰になる。「ヨボヨボになってまで長生きしたくない」と未来を恐れているだけの人は、自分の人生について検討しようとせず、何の行動も起こさず、現状を維持したがる。もしかしたら、それこそが過酷な老後を引き寄せているかもしれない。

楽観的な人も、現実から目を背けているという点では共通している。「私に限っては大丈夫」と根拠なく思い込める才能は素晴らしいが、付け焼刃の人生を歩まざるを得なくなる。そして私たちは、人生の検討や選択に対して、既知のものを選ぶ傾向がきわめて強い。人はたいてい、経験したことのない生き方を想像することが難しいのだ。

未来に向けて適切な行動を取るためには、まず「ありうる自己像」について考えることが有効な手段だ。それは、自己効力感（自分ならできる、という認識）および自己主体感（みずから取り組む、という認識）と結びついている場合に、とくに効果が大きい。

まずは「ありうる自己像」をイメージしてみよう。すると途端に、自分に問わなければならなくなる。

生涯ずっと高所得者であり続けたいのか？　一人のパートナーとの関係を生涯保つには

100年人生は未来を
予測しにくくなる

どうすればいいのか？　どの程度のリスクを背負う覚悟があるのか？　どのような仕事にやり甲斐を感じるのか？　社会にどのような貢献をしたいのか？　いまチャンスをすべて生かしているか？　保守的な生き方をしすぎていないか？

あなたが自らの未来のために描く設計図は、あなた自身のニーズや希望や願望を軸に描かれるべきだ。

あなたの人生のシナリオは、あなたでなければ描けない。

エイジとステージが一致した時代は終わる

とはいえ、人生のシナリオを既知のものだけで描こうとすると、おそらく行き詰まってしまうだろう。選択肢が何も思い浮かばないかもしれない。

心に留めてほしいのは、これからの長寿化の時代、新たなステージが出現する、ということだ。なんだか仰々しく聞こえるかもしれないが、そういうことは過去にもあった。

ありうる自己像を考えるときに重要なこと
自己効力感＋自己主体感

人類の歴史の大半の期間、人々の人生は子どもと大人という二つのステージだけで構成されていた。しかし時代がくだるにつれて、子どもと大人の境界が変わり、20世紀には二つの新しいステージが定着した。「ティーンエージャー」と「引退者」のステージだ。これは寿命が長くなったことに起因する。

その変化の過程では、社会で莫大な数の実験がおこなわれ、政府の規制と企業の方針、そして人々の行動が大きく変わる必要があった。21世紀に新しい人生のステージが根付くまでにも、同じように**多くの社会的実験と変化が避けて通れない**だろう。

現在の３ステージの人生では、実験することに危険がともなう。

とくに日本の場合、新卒で正社員になれなければ、その先ずっと非正規雇用を続けなければならないリスクが付きまとう。だからこそ、多くの若者が卒業論文を執筆する前に、そして社会を広く知る前に、就職活動をしなければならないのだ。

しかし１００年ライフで実験する姿勢が不可欠になり、同世代の人たちが一斉行進で人生のステージを歩む時代が終われば、企業は人々を型にはめる発想を大きくあらためなくてはならなくなる。

また、実験が活発化し、人生のステージを経験する順序が多様化すれば、それに突き動かされて、**「エイジ（年齢）」と「ステージ」が一致する時代が終わりを告げる**。

過去に出現した「ティーンエージャー」と「引退者」のステージは、年齢と結びついていた。若くなければティーンエージャーにはなれないし、高齢者でなければ引退者になることは難しい。それに対し、いま出現しつつあるステージの魅力は、年齢の制約と無関係の側面が多いことだ。ここでは、次の三つのステージを紹介したい。

「エクスプローラー」
「インディペンデント・プロデューサー」
「ポートフォリオ・ワーカー」

もちろん長寿化に対して個人と社会が示す反応はこれだけではない。ただこれら三つのステージは多くの人によって実践されるだろう。

また既存の「教育」「仕事」「引退」という三つのステージが、人々の選択肢から消えるわけではない。過酷な労働を通して金銭的資産の蓄積に集中する時期は今後もなくならないだろう。むしろ長い人生のなかで低所得の時期を経験するとすれば、金銭的資産の充実に力を注ぐ時期には、一層、過酷な労働が必要になる可能性もある。

しかし繰り返しになるが、金銭的な「有形資産」と、目に見えない「無形資産」は切っ

100年人生で新たに出現する三つのステージ
・エクスプローラー
・インディペンデント・プロデューサー
・ポートフォリオ・ワーカー

ても切り離せない関係にある。生涯を通してどうバランスを取っていくかが重要なのだ。

新しいステージは、すでに出現しつつある。これらのステージは、既存の3ステージの人生の欠陥を補い、対処する道を広げてくれる。

次に詳しく見ていくことにしよう。

ステージ① エクスプローラー

未知の世界と自分を発見する探索者

エクスプローラーとは、探検する、探索するステージのことだ。一カ所に腰を落ち着けるのではなく、身軽に、そして敏捷に動き続ける。身軽でいるために、金銭面の制約は最小限に抑える。

このステージは発見の日々だ。旅をして世界、また自分について新しい発見をする。

たとえば一部の国では高校卒業後のギャップイヤー（大学入学を1年間遅らせて長期の

旅行やボランティア活動などを経験する期間）が人生のステージとして定着している。これもエクスプローラー的な行動といえる。

なおここでのエクスプローラーとは、この種の行動を**もっと極端に推し進める人**を指す。あらかじめ1年と決めるのではなく、もっと長期間続く人生のステージだ。エクスプローラーは、周囲の世界を探索し、そこに何があり、その世界がどのように動いているか、そして自分は何をすることを好み、何が得意かを発見していく。

このステージは、**自分を日常の生活と行動から切り離すことから始まる**。

たとえば新しい町に移ってその土地の人たちと知り合ったり、知らない国を旅して自分の生き方について考えたりといった具合だ。観光客が旅先の町を見物するのとは違い、より望ましいのは何らかの関わりを持つことだ。

何を目指すかは、人によって異なる。

「捜索者」タイプは、特定の問いの答えを見つけるために旅に出るだろう。

「冒険者」タイプは、特定の問いを持たず、発見の喜びを味わうために旅をする。冒険を通じて紡ぐストーリー——何を見て、誰と出会い、何を学ぶか——が、未来の人生を規定する。このように自由を謳歌することは、人間を人間たらしめる要素だといっていい。

エクスプローラーのステージが最もうまく機能するのは、多様なものに触れ、真の実験

エクスプローラーは、
探検する、探索するステージ

がおこなわれるときだ。彼らは自分という存在の境界を押し広げ、固定観念から脱却し、ほかの人たちの行動をじっくり観察する。これまで縁のなかった町や人と関わり、彼らの苦痛や苦悩、高揚や喜びを体感する。

これらは本やウェブサイトを読むだけでは得られない、**感情レベルの経験**だ。そして大事なことは、**その経験について自問しなければ、世界に対する見方や自分自身を変えることはできない**、ということ。目の前の事象に問いを発し、注意深く観察し、熱心に耳を傾けよう。そうして掘り下げて自問を続けることによって、はじめて自らの価値観を問い直し、**自分のアイデンティティと役割をじっくり考えることができる**。

エクスプローラーに適した三つの時期

エクスプローラーとして生きるのに年齢は関係ないが、多くの人にとって、このステージを生きるのにとりわけ適した時期が三つある。

18〜30歳くらいの時期、40代半ばの時期、そして70〜80代くらいの時期である。

これらの時期は人生の転機になりやすく、エクスプローラーのステージを経験することが明確な効果を生みやすい。現状を再確認し、自分の持っている選択肢について理解を深め、自らの信念と価値観について深く考える時間にできるのだ。

エクスプローラーの日々は、見違えるほど若さを取り戻せる機会になりうる。

たとえば70代の人は、ややもすると長寿のリスクにおびえて生きてしまいがちだ。しかし日々の生活を脇に置いて冒険に乗り出せば、現在のライフスタイルを問い直し、新しい選択肢を見出し、それによって活力資産が大幅に向上するかもしれない。

俊夫の世代より少し若い世代は、いまからでもこうした冒険に乗り出すことができる。

40代半ばの貴弘の場合は、おそらくもっと明確な目的を持ってエクスプローラーのステージを送る必要がある。

貴弘は、これまでの人生設計ではその後の人生を支えられないことに気づき、「探索者」タイプのエクスプローラーになるだろう。とはいえ、この段階では、自分が望まないことは何かがわかっていても、何を望むかはあまり明確になっていないかもしれない。

実験をして内省すること、これまでの役割に基づく行動パターンから自分を解き放つことが必要になるだろう。そのうえで、教育やスキルの再習得もこの段階で取り組むことになるはずだ。

エクスプローラーのステージを生きる時期として最もイメージしやすいのは、学校教育を終えてから30代前半までの時期だ。

たとえば萌美が就職をせず、大学卒業後は「冒険者」タイプのエクスプローラーになり、自分がどういう人間で、何を好み、何が得意なのかを見出していくといった具合だ。

ここでは自分の内面を探すというより、外的な刺激を通じて発見をおこなう時期になる。試練を与えられたり、思考を揺さぶられたり、怒りをかき立てられたり、ときには喜びを感じさせられたりする環境で、自分について学ぶのだ。

正しい道を選び取るために大切なこと

学校教育を終えてそのまま社会人になった人は、早い段階で専門分野を決めたことにより、袋小路に追いやられる危険がついて回る。

何かを選択したあと、労働市場の環境が大きく変わるかもしれないし、自分のスキルと望みを誤解していた恐れもあるからだ。

俊夫の場合は、それでも問題はなかった。人生で経験する移行の回数が少なく、勤労期間も40年にとどまり、多くの選択肢に直面しなかったからだ。

一方、長寿という贈り物を手にする世代は、もっと選択肢が多く、もっと多様な人生を送り、そして実際に多くの選択をする必要がある。すると必然的に、**正しい道を選び取るために時間を費やすことの重要性が高まる**。

具体的には、次の要素について、時間をかけて身につけたり検討したりするようになるだろう。

- 未来を見据えて、自分の関心と情熱に沿った教育を受けること
- 自分の価値観に適合し、やり甲斐を感じられ、自分のスキルと関心を反映していて、しかも袋小路にはまり込まないような仕事を見つけること
- 自分の価値観を尊重してくれ、スキルと知識を伸ばせる環境がある就職先を探すこと
- 長く一緒に過ごせて相性のいいパートナーを見つけること

正しい道を選ぶために時間をかけることが重要になる

・一緒に仕事ができて、自分のスキルおよび働き方との相性がよく、できれば自分を補完してくれるビジネスパートナーと出会うこと

長く生きる時代には、自分と相性のいいものを見いだす資質がきわめて重要だ。私たちがおこなう選択は、よい結果を生むこともあれば、悪い結果を生むこともある。人生が長くなると、悪い選択や判断ミスの弊害が大きくなる。したがって、萌美の世代が選択肢の探索に多くの時間を割くのは当然のことだ。

長寿化時代には、ライフスタイルにせよ、キャリアにせよ、結婚相手にせよ、**自分に最も合ったものを見つけること**がとりわけ大きな意味を持つ。

萌美の世代がこれまでの世代と明らかに違うのは、**選択肢をよく分析し、自分に適したものを選び、自分のアイデンティティを築いていくこと**だ。おそらくこの世代は、１００年生きることを明確に意識し、それを前提に人生の計画を立てる最初の世代になるだろう。

エクスプローラーとして探検をすることは、選択肢を理解し、自分に最も適した選択をするために不可欠だが、探検には危険と失敗のリスクが満ちている。リスクがともなう以上、誰もがこのステージに乗り出すわけではないだろう。

リスクを嫌う人は、金銭的な目標の追求に専念するために、従来型のキャリアに進みた

自分と相性のいいものを見つけて、アイデンティティを築こう

がるかもしれない。あるいはすでに自分のアイデンティティを明確に認識していて、自分の強みと好みを深く理解している人は、エクスプローラーのステージは回り道にしか感じられないかもしれない。

いずれにしても、有効なエクスプローラーのステージを生きるためには**活動と発見の時期を過ごすのだという心掛けが必要**となる。

単なる受け身の時間にしてはならない。学生のギャップイヤーの長期版でも不十分だ。よく考えて計画を立て、主体的に活動してはじめてこのステージの恩恵に浴せる。それがなければ、投資と再生はおろか、重要な資産を劣化させ、減少させかねない。

ステージ② インディペンデント・プロデューサー

自分の職を生み出し、無形資産を蓄える

インディペンデント・プロデューサーとは、ひと言でいえば、職を探す人ではなく、**自**

分の職を生み出す人だ。

起業家は過去のどの時代にもいた。しかし本書では「起業家」ではなく、あえて「インディペンデント・プロデューサー」、すなわち独立生産者という言葉を使う。これは、ビジネスの規模と本人の野心のスケールを正しく表現するためだ。

インディペンデント・プロデューサーは基本的に、永続的な企業をつくろうとは思っていない。事業を成長させて売却することを目的にしていないのだ。もっと一時的なビジネスのことを指す。

このステージを生きる人たちは、**成功することよりも、ビジネスの活動自体を目的**にしている。事業を売却することではなく、事業を始めることが目的だ。

彼らは旧来の起業家とは性格の異なる新しいタイプの起業家になったり、企業と新しいタイプのパートナー関係を結んだりして経済活動に携わる。彼らにとっては、企業体を築き、金銭的資産を蓄えることより、**組織に雇われずに独立した立場で生産的な活動に携わる**ためにまとまった時間を費やすことが、大きな意味を持つ。

活動の中身は、製品をつくることでもいいし、サービスを提供することでもいい。アイデアを形づくることでもいい。彼らはたいてい、素早く実験を重ねて、何が有効で、何がうまくいかないかを学んでいく。試行錯誤しながら未来を探索するのだ。

すでに仕事に就いている人は、本業と並行して試行錯誤を始めることが多い。彼らは概して可能性をあまり狭めずにものを考え、主として直感に導かれて試行錯誤を重ねていく。そこから絶えずフィードバックを得て、プロジェクトを成功させる方法を見いだしていく。

このステージでは、有形の資産はあまり築けないが、**無形の資産を充実させることができる**。生産活動を通じて学習することに重きが置かれるのだ。

大きいのは、このステージでは**安心して失敗できる**という点だ。背負っているものが比較的少ないので、たとえ失敗しても深刻な結果に見舞われずに済む。また起業家的な性格を持つステージなので、実践を通じて有益なことをたくさん学べる。

たとえば、どうやって事業資金を調達すべきか。どうやって必要な資源を入手すればいいか。アイデアをビジネスに変えるための資金を借りたり、支援を得たり、助言を受けたりするのに必要な人的ネットワークをどうやって築けばいいか。

これらのスキルや知識はすべて、きわめて価値のある無形資産だ。このステージで身につくスキルや知識はたいてい、地に足がついていて、実用的で、汎用性が高い。つまり、さまざまな産業で有効であり、未来の仕事にも役立つ。

仕事と遊びと生活の境目があいまいに

インディペンデント・プロデューサーは、エクスプローラーのステージと同様、人生のどの段階にいる人でも実践できる。特定の年齢層に限定されるステージではない。

たとえば年齢を重ねた人の場合、インディペンデント・プロデューサーとして生きることは、ライフスタイル上の選択だったり、金銭的資産を維持するための手段だったりする。55歳以上の年齢層では、起業する人の割合がすでに急増している。将来は、70代や80代の人が起業する割合も増えてくるかもしれない。

もちろん、それくらいの年齢になってもフルタイムで働き続ける人や、後述するポートフォリオ型のキャリアを築く人も多いだろう。しかしそういう人ばかりでなく、興奮と刺激を味わうことができ、ほかの人たちに「遺産」を残せるような活動に時間とエネルギーを使いたい人もいるのだ。

彼らにとって、組織に属さずに主体的に働くことは、ライフスタイルを維持し、同時に生産性資産と活力資産を支えるための有効な方法だ。ほとんどの人は、有形の資産の減少をできるだけ抑えることを期待して、このステージを生きる。

現在の18～30歳の層にとっては、すでにインディペンデント・プロデューサーが人生の一つの選択肢になり始めている。興味深いのは、それを実践する若者の大半が近くに寄り集まり、お互いから学ぼうとしていることだ。

ティーンエージャーという新しい年代が出現したとき、それを最初に目にとめたのはマーケティングの専門家たちだった。ティーンエージャーたちが独特の消費パターンを示すからだ。

それに対して、若いインディペンデント・プロデューサーたちの特徴は、消費に加えて生産の面でも互いに関わり合う点にある。彼らは都市の集積地（クラスター）に集まって生活し、独特のライフスタイルを形づくって生活と仕事をブレンドさせている。**家庭生活と仕事と社交が同じ場でおこなわれ、仕事と遊びの境界があいまいだ。**

また、年長世代の起業家たちは油断なく知的財産を守ろうとしてきたが、新しい世代のインディペンデント・プロデューサーたちは知的財産を公開し、ほかの人たちとシェア（共有）することを重んじる。真似されてコピーされることは、高く評価されている証なのだ。模倣と複製は、アイデア、製品、企業といった概念もあいまいにする。

インディペンデント・プロデューサーは、自分の職を生み出すステージ

創造性の集積地に集まる人たちが持っているのは、**「みんな参加」の精神**だ。この精神は、**高い価値を生み出せる協働型の人的ネットワークの本質**といっていい。

そのようなネットワークの中心に身を置き、充実した人脈を持っていたり、新しいアイデアの生みの親とみなされていたりすることは、きわめて大きな価値のある無形資産だ。それがその人の評判を高め、ひいてはのちに金銭的な恩恵をもたらす可能性もある。

また、このように情報を得る手段として、成功の指標として、ほかの人たちと結びついていることが重んじられるからこそ、インディペンデント・プロデューサーたちは集積地へと引き寄せられる。注目されているのは、カリフォルニアのシリコンバレー、ロンドンのシリコン・ラウンドアバウト、インドのバンガロール、四川省の成都といったテクノロジー分野の集積地だ。

今後はより一層、**集積地の数が増え、その重要性も高まる**だろう。このステージでは、基本的に**経験が大きな意味を持つ**からだ。

ほかの人たちと離れて住んでいたり、デジタルな手段だけでコミュニケーションを取っていたりしては、たいてい目的を達せられない。

高い能力を築き、上手にそれを宣伝する

インディペンデント・プロデューサーの主たる関心事は、ものごとを生み出すこと、それを通じて、障害を克服できる行動志向の人物という評判を確立することだ。

この時期に獲得する評判は、将来に経験するステージで貴重な無形の資産になる場合もある。手がけた仕事をまとめたウェブサイトや、自分の活動に関するツイッターの投稿、制作したユーチューブのチャンネルなどはすべて、アイデアと能力を宣伝する手段になりうる。

高い能力を築き、上手にそれを見せ、宣伝することは、インディペンデント・プロデューサーにとって不可欠だ。ソーシャルメディアを通してビジネス上の活動の足跡が見えるようになりつつあるが、もっと正式な形で資質をPRすることも試みられるだろう。すでにビジネス向け交流サイト「リンクトイン」がスキルを宣伝する手段として使われている。今後は、同様の目的を担うイノベーションがさらに登場しそうだ。

また教育機関は、講座を開講していない分野のスキルを測定・認定する仕組みを確立し

始めるだろう。

インディペンデント・プロデューサーたちは、実務を通じてスキルを身につけ、おそらくは何らかの講座やMOOCs（大規模公開オンライン講座）も受講し、試験を受けて認定証を得るようになる。経験学習の効果は絶大だが、その性格上、学習の成果を文書の形で記録することが難しいため、こうした仕組みはきわめて重要だ。金銭面での成功の度合いを見るだけでは測れない、無形の資産を認定する仕組みが今後は不可欠になるだろう。

企業もまた、将来的には有能なインディペンデント・プロデューサーを見いだす意欲と能力を高め、個人との間で一人ひとり異なる関係を築くようになる。フルタイムで雇用する場合もあれば、パートタイムで雇う場合もあるし、また知的財産権を買い取ったり、事業を丸ごと買収したりするケースもあるだろう。

エクスプローラーとインディペンデント・プロデューサーのステージでは、無形資産、とくに変身資産への投資が中心になる。そのため、金銭面のやりくりはつねに難しい。その点で注目すべきは、目覚ましく発展しつつある**シェアリング・エコノミー関連のテクノロジー**だ。人々が多くの資産を持たずに、身軽に生きる道を開くと同時に、場合によっては収入を得る手段にもなる。Airbnb（エアビーアンドビー）、Simplest（シンプレスト）、

所有するということは、
自分の道を狭めかねない

Lyft（リフト）、DogVacay（ドッグヴァケイ）といったシェアリング・サービスは、個人が購入もしくは創造した資産を、ほかの人に利用させて収入を得ることを可能にする。

こうしたサービスを利用すれば、金銭面での大きな決断を先送り、あるいは決断が求められる機会そのものを減らすことができる。

最近、若い世代が車を所有することに関心を持たないと嘆く年長者もいるが、選択肢を残すことに重きを置くステージを生きる人にとって、家でも車でも、**何かを所有することは自分の道を狭めかねない**のだ。

ステージ③　ポートフォリオ・ワーカー

複数の活動のバランスを取りつつ生きる

人生には、一種類の活動に専念する時期がある。高給を受け取れる企業の職に就いたり、自分のビジネスを立ち上げたり、エクスプローラーとしてさまざまな可能性を探索したり、学生として勉強に励んだりする時期がそうだ。

一つのことに熱中できる喜びや楽しみがあるが、一方でさまざまな活動を同時並行で取り組みたい時期もある。そのように、異なる活動を同時におこなうのがポートフォリオ・ワーカーのステージだ。

さまざまな可能性を探索し、実験するためにこうした生き方を積極的に選択する人もいれば、やり甲斐のある仕事に就くことが難しいために、不本意ながらそれを選ぶ人もいる。

理屈の上ではポートフォリオ・ワーカーのステージもまた年齢を問わないが、とりわけこのステージに魅力を感じるのは、すでに人生の土台を築いた人たちだろう。

さまざまな活動とは、具体的には次のようなものが考えられる。

■所得の獲得を主たる目的とする活動
■地域コミュニティとの関わりを主たる目的とする活動
■友人や親類の力になるための活動
■趣味を極めるための活動

こうしたさまざまな活動のバランスを主体的に取りながら生きるのが、ポートフォリオ・

ワーカーのステージだ。スキルと人的ネットワークの土台が確立できている人にとって、このように高い価値を生み出せるステージは有効な選択肢になる。

核となるのは、有給の仕事だ。過去にやってきたことと関わりのある仕事に、たとえば週に1日か2日携わる。自分のスキルや経験を生かせる職に就けばいい。

とはいえ従来型のキャリアで過酷な勤労人生を送ってきた人は、仕事以外で何か充実感を得たいと考えるだろう。楽しく過ごしたり、社会に貢献したり、友人と過ごす時間を増やしたりしたい。

そこで、次の三つの側面で、バランスの取れたポートフォリオを築くようになる。

■支出をまかない、貯蓄を増やすこと
■過去の経歴とつながりがあり、評判とスキルと知的刺激を維持できるパートタイムの役割を担うこと
■新しいことを学び、やり甲斐を感じられるような役割を新たに担うこと

このステージでは、必然的にいくつもの動機に突き動かされて生きることになる。金銭的資産を増やすことも動機の一つになるし、人生のさまざまな可能性を探索すること、活

ポートフォリオ・ワーカーは、
複数の活動のバランスを取って
生きるステージ

力と刺激を得ること、学習すること、そして社会に貢献することも動機になる。

柔軟性を持って早い段階から準備をする

ポートフォリオ型の人生は、ときに目を見張るほどの刺激をもたらす。長く生きていると、どうしても過去の繰り返しになり、退屈を感じてしまうものだ。そこで、多様な活動に携われるポートフォリオ・ワーカーのステージが一層魅力的に見えてくる。

ただし注意しなくてはいけないのは、実際にこのステージに移行するのが難しいという点だ。長く3ステージ型の人生を生きてきた人は、一定の行動パターンが染みついてしまっている。

ポートフォリオ・ワーカーへの移行を成し遂げるためには、必要に応じていわばギアを入れ替えることができ、履歴書に記入できる役職を増やすことより、仕事の能力を育むことを目指して生きる必要がある。要するに、頭の働かせ方と仕事の仕方を状況ごとに柔軟に切り替える能力を持たなくてはならないのだ。

このステージへの移行を成功させるには、柔軟性を持つことに尽きる。そして早い段階で準備に取りかかり、フルタイムの職に就いているうちに、小規模なプロジェクトを通じて実験を始めることが鍵となる。

興味の持てそうなプロジェクトを試しに実行し、自分がなりたいポートフォリオ・ワーカーのロールモデルを見つけ、社内中心の人的ネットワークを社外の多様なネットワークに変えていく。この過程で変身資産を育むことが重要となる。**さまざまな分野の人たちと関わり、広い領域でアピールできるスキルと業績を築くこと**は、ポートフォリオ・ワーカーのステージへの準備として不可欠だ。

もう一つ注意しなくてはならないのは、このステージでは**非効率性から逃れられないこ**とだ。

さまざまな活動に同時並行で携わる人は、刺激と興奮を味わえる反面、その代償として「規模の経済」の恩恵に与れない。

週のうち数日は有給の職に就き、１日は地域コミュニティの活動に参加し、１日は趣味に割き、１日は慈善団体の会合に出席する。こうした毎日は、ある活動から別の活動に移るたびに大きな**切り替えコスト**が発生する。その都度、思考様式と活動する場所を変えなくてはならないのだ。

こうした切り替えコストは、このステージについて回る大きな問題だ。それぞれの活動に共通する能力や知識を持たせて相乗効果を生みだすか、時間を細切れにせず1日単位で分けるなどの工夫が必要になるだろう。ポートフォリオを構成する活動の間の調和が取れていることが望ましい。

なぜ若者は重要な選択を先送りするのか

ここで紹介した三つのステージは、すべて年齢を問わない。しかしこれを本格的に取り入れているのは、今のところ18～30歳の世代だ。彼らは長寿化に適応する必要性が最も高く、しかも適応に必要な柔軟性を最も備えている。萌美の世代は、実験を通して新しいステージを人生に取り入れるパイオニアになるだろう。

この世代は、それ以前のどの世代よりも選択肢を持つことの重要性を知っている。だからこそ選択肢の探索・創造に多くの努力を払う。大きな不確実性に直面する世代にとって、選択肢を持っておくことは計り知れない価値を持つ可能性がある。また、そのために結婚や出産を遅らせ、マイホームやマイカーを買うのを遅らせてきた。選択肢を狭めるような決断を先送りにするのだ。

従来の３ステージ型の人生を生きてきた人にとって、このような生き方は間違っているように感じられるだろう。とりわけそれが自分の子どもや孫だったら、「定職にもつかず、いつまでフラフラしているんだ」とか「いい歳だというのに、まだ結婚もしないで」などとつい不満を口にしてしまうかもしれない。

しかし彼らは決して自分の人生に無責任なのではない。

従来の３ステージのみならず、１００年人生を生きるためにさまざまなステージを経験する、そうしたマルチステージの人生の発想に立てば、彼らは無形資産、とくに選択肢を生み出せる要素への投資に熱心だとみなすことができる。昔ながらのキャリアの道筋を歩んできた人たちがこの点を理解できないと、世代間の相互不信に拍車がかかってしまうので注意が必要だ。

思春期が長期化して若々しく生きる

また、平均寿命の上昇はしばしば「高齢化」と表現され、老いて生きる時間が長くなるという側面ばかり注目されてきた。しかし実際には、**若々しく生きる期間が長くなる**可能性が高い。

その要因の一つは、**思春期の長期化**だ。

思春期は、人が柔軟性を持っている時期といえる。私たちは思春期にさまざまな選択肢を見つけ、その選択肢を残しつつ、まだ人生の道筋を決めないでおく。寿命が長くなれば選択肢を持っておくことの重要性が高まるので、選択肢を探索・創造するための期間も長くなって当然だろう。

あなたの祖父母が16、17歳の頃の写真を見てみてほしい。

写っているおじいさんやおばあさんは、人生経験が豊富そうに見え、まじめくさった顔をして、彼らの親と同じような服装をしているだろう。

１９５０年代半ばの写真はどうだろう。この時代の16、17歳は、だいぶ若い服装と外見をしているはずだ。これは新しい社会現象として「ティーンエージャー」という人生のステージが出現したことの結果だ。

今の20代や30代はどうか。彼らは、20世紀半ばのティーンエージャーさながらに若々しく、責任の重荷を感じていないように見えるのではないだろうか。

このように動物が幼体の性質を残したまま成体になることを、進化生物学では「ネオテニー（幼形成熟）」と呼ぶ。

進化学的にいえば、子どもは大人より柔軟性に富み、適応力が高い。大人のような保守的なものの考え方が形づくられておらず、特定の行動パターンに染まってもいない。「変わらない」ことは、直線的に進む3ステージの人生では好ましい結果をもたらしたかもしれないが、**長寿化の時代には硬直性がマイナス材料になりかねない**。

若々しく生きる期間が長くなるというのは、思春期が長期化するというだけの話ではない。**あらゆる年代の人が、もっと若々しく生きるようになる**可能性もある。新しく出現する人生のステージが、それを後押しするだろう。１００年ライフで多くのステージといくつもの移行を経験するようになれば、柔軟性が不可欠な資質となるからだ。要するに、**思**

人生100年時代は思春期が長期化し、若々しく生きる期間が長くなる

春期の特徴を大人になっても維持し続けることの価値が増すのだ。

新しく出現するステージに年齢は関係がない。世代を超えて人的ネットワークが広がれば、多様な価値観に触れる機会も増す。それは互いに大きな刺激となるはずだ。

マルチステージの人生が普通になれば、これまで若者の特徴とされていた性質（たとえば柔軟性、遊びと即興、未知の活動に前向きな姿勢など）を生涯通して保ち続けることになる。

将来は、20歳の人たちの写真が若々しさを増すだけでなく、50代や60代の人たちの姿も、あなたの祖父母がその年齢だった頃に比べて、概して若々しく見えるようになるだろう。肉体的な面だけでなく、服装や行動も若くなる。

「エクスプローラー」「インディペンデント・プロデューサー」「ポートフォリオ・ワーカー」、いま出現しつつあるこの三つのステージは、１００年ライフを生きるための新しいロールモデルになるはずだ。

第5章

100年人生の新しいシナリオ

本章では、貴弘や萌美が100年ライフをどう生きるかのシナリオを何通りか紹介しよう。これらのシナリオを通じて、人生のステージを経る順序や、人生で経験する移行についてさまざまな可能性を検討し、長期にわたる有形資産と無形資産のバランスの取り方を見ていきたい。

これを土台に、希望する未来に到達し、望まない未来を避けるためにどの道を選ぶべきか、あなたも考えてみてほしい。

1971年生まれの貴弘の人生

1971年生まれの貴弘は、俊夫の世代の3ステージの生き方を踏襲するつもりで働き始めた。もし20歳のときに人生設計を示すよういわれたなら、教育→仕事→引退という3ステージの人生の未来図を迷いなく描いただろう。しかし、いまはこれほどの確信を抱けない。現在40代後半の貴弘は、人生の次の段階に向けて、どのようなシナリオを選ぶべきか、考えなくてはならない。まずは、現在の貴弘の人生を簡単に振り返ってみよう。

大学でコンピュータを専攻した貴弘。新卒で就職した会社は、地元の中規模のＩＴ企業「ミディアム・スケール社」だ。ここではチームの一員として、事務・管理業務について多くの顧客に助言する仕事に携わる。

5年後の26歳のとき、顧客企業の一つである「ビッガー社」のＩＴ部門に転職した。前の会社より規模が大きい。ここでは他部署のスタッフも含む12人のチームの一員として働き、チームリーダーからコーチングを受けながら、協働のスキルを磨く。努力の甲斐があって、30歳のときチームリーダーに昇進し、複数の拠点にあるＩＴチームを率いるようになる。家庭への影響は大きい。何しろ週に2日か3日は家を留守にする。

マネージャーとして出世の階段を上るうちに貯蓄をし、頭金を払ってマイホームを買う。ところがその数年後、ビッガー社はＩＴ系の事務・管理業務の半分をインドにアウトソーシングすることを決定。貴弘はインドのＩＴサービス業者との交渉責任者となり、二度にわたってムンバイを訪ねた。

ところが、39歳で職を失ってしまう。アウトソーシングが非常にうまくいったため、経営陣はＩＴ系の事務・管理業務すべてをインドに移すことを決めたのだ。貴弘にとっては想定外のことだった。

就職活動を始めるも、この頃、多くの企業が新規の採用を控えていた。２００８年の金融危機のダメージから立ち直っていなかったのだ。そこで貴弘はフリーランスで働くことを決意。フリーのIT専門家に転身する。

自分のウェブサイトをつくり、報酬は業務時間単位で受け取ることにした。この状態が2年間続く。お金の面では厳しい時期で、貴弘と妻の真弓は貯蓄をあきらめ、さらには生活費をまかなうためにマイホームを担保にお金を借りざるを得なくなる。

それでも２０１２年頃には経済が明るさを取り戻し始め、企業が再び人を雇うようになる。貴弘は30社以上の企業に履歴書を送った。長い選考プロセスを経て、「ファーラウェイ社」というITコンサルティング会社への就職が決まった。それまで暮らしていた町から約６５０キロ離れた場所に本社がある。

貴弘はマイホームのローン返済を再開し、貯蓄も再び始められる。ただし一家は引っ越しをしなくてはならない。このとき貴弘は41歳。「ファーラウェイ社」に入社すると、すぐにチームリーダーに昇進し、15人のITコンサルタントを率いるようになる。その仕事は過酷だ。幹部同士の競争が激しく、しかも社内のチーム同士が顧客を奪い合っていた。

40代半ばになった貴弘の資産

この時点で、貴弘の有形資産と無形資産はどのような状態にあるだろう。

〈生産性資産〉

大学時代に最初の投資をおこない、テクノロジーについて学び、一般的な知識とスキルを習得。「ミディアム・スケール社」に入社後は、ITシステムに習熟し、マネジメント能力も磨き始める。「ビッガー社」に転職後は複雑な企業提携のマネジメントについて学び、知識とスキルのレパートリーに重要な新しい要素を加える。

こうして生産性資産を増やしてきたが、「ファーラウェイ社」に入社すると、それが終わりを告げる。企業提携のスキルを活かすことはなく、日々のノルマをこなすことに追われて、成長したり、新しいことを学んだりする時間はほとんどない。スキルと知識が枯れていく。

〈活力資産〉

多くの人がそうであるように、貴弘も大学時代に自己再生の友人関係の基盤を築く。卒業後ほどなくして結婚し、三人の子どもを授かる。妻の真弓は育児をしながらパートタイムで働く。貴弘が「ミディアム・スケール社」に勤務しているときは、活力資産の面で非常に順調な日々を送ることができる。

しかし「ビッガー社」に転職すると、貴弘の出張が続いて、真弓に家庭のさまざまな負担がかかるようになる。次第にパートタイムの仕事を続けることがつらくなり、貴弘は子どもたちとの時間をあまり取れないことにしばしば罪悪感を抱く。こうして充実していた活力資産が減り始める。

ただしフリーランス時代にバランスを取り戻す。貴弘は子どもたちと過ごす時間を増やし、昔の友達と連絡を取り合い、真弓と短い旅行にも出かける。有形資産の面ではあまり順調な時期とはいえないが、無形資産に多くの投資ができる。

「ファーラウェイ社」勤務時代、活力資産は再び減少に転じる。長時間労働が続き、帰宅するときにはイライラし、不機嫌なことが多くなる。貴弘の携帯電話には、夜間や週末でも仕事の電話がかかってくる。友達との付き合いも中断せざるを得ない。真弓は仕事を再開したいと思っているのに、夫が仕事にかかりきりで、あまり支えてくれないことに不満

貴弘の歩んできたキャリア

新卒でミディアム・スケール社に入社
27歳でビッガー社に転職
39歳でフリーのIT専門家となる
41歳からファーラウェイ社で働く

を募らせていく。

〈変身資産〉

貴弘は、これまで主として二つの時期に人的ネットワークの多様性を拡大させた。「ビッガー社」勤務時代と、フリーランスで働いた時期だ。

これらの時期には、人的ネットワーク以外の面でも、移行に役立つ能力を育み始める。自分についての知識を深め、新しい経験に対して開かれた姿勢を身につけていくのだ。

一方、「ファーラウェイ社」では、多様性のある人的ネットワークを築いたり、自分自身や自分の人生について掘り下げて考えたりすることにほとんど時間を割けない。

〈有形の資産〉

貴弘は「ビッガー社」で働くようになって、ようやくローンを組んで家を買い、所得の15％前後を貯蓄し始める。

フリーランス時代には友達との付き合いを再開し、健康的な生活を送るなど、無形の資産は目覚ましく充実したが、有形の資産は減少してしまう。貯蓄どころかマイホームを担保に金を借りる羽目になる。

その後「ファーラウェイ社」に入社すると、高給を受け取り、以前のような貯蓄率に戻ることができた。こうして40代になって有形の資産を再び築き始めるが、無形の資産は細くなっていく。

さて、これから勤労人生の後半に差し掛かろうとしている貴弘は、今後の働き方に関してどのような選択肢を持っているだろうか。

貴弘の3・0シナリオ――3ステージを歩む

一つは、俊夫の世代を踏襲して、3ステージの人生を送るというものだ。学生時代に投資した生産性資産を頼りに勤労人生を最後まで生き抜き、65歳での引退を目指すのである。

2021年の貴弘▼ 50歳。変化の速いテクノロジーの世界で、自分のスキルが時代遅れになりつつあることに気づく。有形の資産を点検すると、最近5年間は貯蓄し始めたが、それまでほとんど貯蓄できていない。ざっと計算したところ、65歳で引退するには蓄えが足りないと思い知らされる。

２０３１年の貴弘▼　60歳。貯蓄は不十分だし、無形資産も不足しており、将来が心配になり始める。しかも政府の年金が削減され、２０３４年には受給開始年齢が70歳まで引き上げられることも決まっている。最初に勤めた「ミディアム・スケール社」には企業年金制度があったが、その後の勤務先には充実した企業年金制度がなかった。

一方、無形資産も底をつく。新しい知識やスキルを身につけるための投資をおこなってこなかったからだ。結果、スキルのレベルが低い人向けの低賃金の職に就かざるを得なくなる。引退後はポートフォリオ・ワーカーとして生きたいと思ったが、専門的なスキル、知識、仕事仲間や顧客の人的ネットワークを持っておらず、そのような生き方はできないと気づく。

２０４１年の貴弘▼　70歳。十分な給料を受け取れる職に就くことが次第に難しくなり、フルタイムの会社員として働くことをやめる。収入は少なく、思っていたよりずっとひもじい生活をする羽目になる。

このシナリオは、過去の標準的な生き方に準拠している。

貴弘は自分の周りで起きている変化に目を向けず、今後に起きることを予測しようとせず、自分の未来を主体的に計画することもしない。

3ステージの人生といっても実際にはさまざまなパターンがあるが、ここでは二つの問題が浮き彫りになっている。

一つは、貯蓄が不十分なこと（貴弘は十分な貯蓄なしに50～60代を迎える）。

もう一つは、無形資産への投資が不十分なこと（学生時代の教育と若い頃の人間関係に頼りすぎ、やがてキャリアと所得を維持することに苦労する）。

貴弘がこうした将来を避けたいと思うなら、まだ手遅れではない。

しかし、長く生産的な人生を送るためには、さまざまな選択肢を検討し、意識的に選択をおこなう必要がある。そして、前述の自己効力感と自己主体感の両方を持たなくてはならない。要するに、**受け身の人生を脱却することが不可欠**なのだ。

貴弘の3.0シナリオ

60歳で貯蓄は不十分、
無形資産も不足する

貴弘の3・5シナリオ——野心的でない移行

貴弘の「ありうる自己像」には、きわめて野心的なものもあれば、もっと保守的なものもある。

次は、あまり野心的ではないシナリオを検討してみよう。

3ステージの人生に「0・5ステージ」を付け加えるというものだ。

この3・5シナリオは、ある程度の刷新と変化が求められるが、無形の資産に大きな投資をしたり、変身資産を本格的に用いたりすることまでは求められない。リスクを嫌う人、つまり40代後半になってリスクをともなう大がかりな変化に乗り出したくない人に最も適している。年齢の高い人（引退が近く、大きな変化を目指すだけの時間がない人）にも向いているだろう。

2026年、55歳の貴弘を想像してほしい。

政府が公的年金の受給年齢を70歳に引き上げる計画を発表したことを受けて、貴弘は行動を起こす。

貴弘は自分の持っているスキルがファーラウェイ社であまり価値を持たなくなってきていて、ライバル社に転職したとしても高給の職に就くことは難しいと気づく。しかし、老後の生活資金を計算すると、少なくともあと15年は働かなくてはならない。

ここで転機が訪れる。自宅の近くに社会人教育をおこなう大学があり、ビッガー社時代の古い友人が学部長をしている。その友人に誘われて、週に1回、夜間にITとマネジメントを教え始めるのだ。

報酬はお世辞にも高いとはいえない。それでも貴弘は丁寧な指導で高く評価される。

２０３０年、大学からフルタイムのポストを提示されてファーラウェイ社を辞める。給料は減るが、自分の能力を生かし、評価されているという実感は強まる。仕事に費やす時間が減り、仕事と家庭のバランスも生まれる。妻の真弓、初孫の遥香と過ごす時間が増えるのだ。

どうにか生活費をまかなえる程度の給料しか受け取れないとはいえ、引退せずに働き続けることには、お金の面で大きなメリットがある。1年長く働けば、貯蓄を取り崩す年数を1年減らせる。それに、安い給料でやりくりすることに慣れれば、引退後の慎ましい暮らしに適応しやすくなるという点も見過ごせない。

正直なところ、自宅は老朽化しはじめている。また授業時間に拘束され、お金にゆとりもないので、多くの友人たちほどは夫婦で旅行を楽しめない。それでも、同世代のなかにはもっと苦しい生活をしている人が大勢いる。

どうだろう。

3・0シナリオと大きな違いはないが、3・5シナリオのほうが好ましい結果をもたらす。70代になっても仕事を続けられることの恩恵は大きい。

大学で教えるという職に就けたのは、昔の同僚が地元の大学で働いていたという幸運のおかげでもあるが、自らの意識的な努力の賜物でもある。**自分の人生を自分で選び取り、新しい機会を切り開こうとした**からこそ、それが実現したのだ。

とはいえ、貴弘はファーラウェイ社から近所の大学へ移っただけで、本格的な変身は経験していない。IT分野の仕事をしていることに変わりはないし、話すことのテーマも以前と同じだ。貴弘は、1年経つごとに、自分の知識と経験が古びていくことを痛感させられるようになる。

貴弘の3.5シナリオ

既存の知識を生かして
大学の講義を担当、
70歳まで働く

貴弘の３・５シナリオはこれだけではない。65歳でフルタイムの仕事から引退し、ファーラウェイ社か、あるいは同業他社でパートタイムのコンサルタントとして働くこともできる。ただし知識やスキルが古いままでは行き詰まる可能性がある。このほか、ＩＴ業界から離れるというシナリオもあるだろう。

これらの３・５シナリオは、ある面ではうまく機能する。

追加の０・５ステージに有形の資産を増やすことはできないが、当座の生活費をまかなうことはできる。蓄えを取り崩す年数を減らせるので、資金計画を成り立たせる助けになるのだ。

また活力資産を育むために費やせる時間がたっぷりある。家族や友人と過ごしたり、心身の健康を保ったりするために時間を十分に使えるのだ。

ただし、生産性資産を充実させたり、変身資産を活用したりすることはほとんどない。大きな変化を経験しないため、３ステージの人生の付録程度の意味しか持たない。この場合、人生が長くなればなるほど、投資不足が大きな問題になってくる。

貴弘の4・0シナリオ――変化と変身に挑む

貴弘は、もっと積極的に変化を追求するシナリオを選ぶこともできる。３・５シナリオよりも無形の資産に投資し、リスクを覚悟した行動を取り、多くの変化と変身を経験する。以下では、二つのシナリオを紹介しよう。

一つ目のシナリオでは、ＩＴの世界で働き続けるが、大きな変身を遂げてポートフォリオ型のキャリアを実践する。

二つ目のシナリオでは、大きなリスクをともなう決断をし、自分のビジネスを始める。いずれも、強い意思を持って意識的に変化と変身を遂げるシナリオだ。人生に四つ目の新しいステージが出現するので、これらを４・０シナリオと呼ぶことにする。

〈4・0シナリオ①　ポートフォリオ型の新ステージ〉

2016年の貴弘▼　45歳。この年、変身資産を本格的に育み、活用するための行動に踏み出す。立ち止まって自分の人生と周りの世界について内省し、自分についての知識を深め、世界が大きく変わりつつあることを理解し始める。そして将来の資金計画の計算をした結果、早い時期に引退すれば金銭的資産を十分に蓄えられないとわかり、長く働くことを覚悟する。

ＩＴ業界における自分の仕事と、業界のテクノロジーの変化の速さについてじっくり考えてみたところ、新しいスキルを習得すれば、業界内の高成長分野に転身できる可能性が高まると気づく。

まず、いくつかの点で生き方と働き方を変え、スキルを高めなくてはならない。ここで、仕事上の友人たちで構成される人的ネットワークがものをいう。彼らに相談すると、注目度の高い分野のスキルを磨くための研修プログラムに参加するよう勧められる。しかしファーラウェイ社の上司からは、研修費用を負担するつもりはないといわれてしまう。

このとき、貴弘は勇気ある決断をする。向こう1年間、週2日の夜と隔週の土曜日を費やし、自費でプログラムを受講することにしたのだ。

普段はオンライン上で学習したり、受講生同士がコーチし合ったりし、隔週の土曜日にスクーリングに参加する。余暇の時間を、レクリエーション（＝娯楽）ではなく、自分をリ・クリエーション（＝再創造）するために使うのだ。過酷な日々になるが、スキルを向上させられるし、モチベーションの高い人たちと知り合うことができる。そして何より最後には、業界でよく知られた証明書を受け取れる。

　こうして思い切った投資をして、新しい資格を手にした貴弘は、次の職を探し始める。貴弘は、従業員の育成に不熱心なファーラウェイ社に入社したことを後悔している。同じ過ちは繰り返したくない。そのため、長い時間をかけて検討する。

　最終的に、あるグローバルな大手ＩＴ企業に入社する。インドのムンバイに本社がある会社だ。従業員の育成を重視していて、バーチャルなチームをマネジメントし、複雑な企業提携をサポートできる貴弘の能力を高く評価する会社だと思えたのだ。

　また、貴弘は活力資産のマネジメントの仕方も徹底的に点検し直す。家庭と仕事のバランスが取れていないと感じているからだ。

　真弓は再びフルタイムで働きたいと思っているが、そのためには家庭のルールをいくつか変えなくてはならない。二人は腰を据えて、夫婦の関係と互いの役割を決め直すために（しばしば痛みをともなう）話し合いを始める。こうしていくつもの約束事を決めて、夫婦ともに働ける態勢をつくる。

　貴弘と真弓は、健康と幸福についても慎重に考えてみる。二人とも運動不足で太りす

夫婦の関係と
互いの役割について
きちんと話そう

ぎだ。それが人生で望ましい変革を遂げる妨げになることもわかっている。健康のために何かしようと考えた二人は、近所のスポーツジムに入会し、食生活に気を配りはじめる。貴弘の新しい勤務先ががん患者支援のチャリティ・マラソンを主催しており、夫婦はハーフマラソンへの参加を決める。

2021年の貴弘▼ ハーフマラソンを走り、50回目の誕生日を祝う。これまでの10年間は素晴らしい日々だった。勤務先のIT企業は貴弘の能力開発を重んじ、年に10日間を好きな内容の研修に使わせてくれる。

それでもこの年、以前のように時間を取り、次の10年間の計画を検討する。すると、将来はさまざまな仕事のポートフォリオを築く必要があると思えた。そのためにはいまから準備を開始しなくてはならない。いまはまだフルタイムの仕事を辞めたくないが、将来に向けて投資を始めようと決意する。

具体的には、投資の一つとして、上級レベルのプロジェクトマネジメントの研修プログラムに参加すること。会社は年に2週間、仕事を休んでこの研修に参加することを認めてくれた。貴弘はそれに加えて、年に10週間、週末を返上し、現役のプロジェクトマネジャーたちが集まる合宿セミナーにも参加する。さらには、世界を股にかけてプロジェクトマネジャーの人的ネットワークも築き始める。貴弘は国際派のプロジェクトマネジャーとして知られるようになり、いくつかの関連スキルの資格取得も目指す。

2036年の貴弘▼　65歳。貴弘と真弓は、まだ引退する気はまったくない。貴弘は2年前にインドのIT企業を退職し、正式な資格を持ったプロジェクトマネジャーとして働き始めた。世界規模のコミュニティで10年かけて人的ネットワークを築いたことが功を奏し、仕事には事欠かない。子どもたちはすでに経済的に自立しており、貴弘はサハラ以南のアフリカでの大型ITプロジェクトの運営を専門に活動するようになる。真弓も仕事を続け、夫の出張中は自由な暮らしを楽しむ。

　こうして、貴弘は望みどおりのポートフォリオ型ライフを実践できる。価値の高いスキルを持っているおかげで、刺激を味わえる仕事を得られているのだ。70代後半になっても、まだ仕事の依頼がある。

　人生の資金計画はどうか。77歳まで働き、しかもポートフォリオ・ワーカー時代に、会社員時代と同レベルの所得を手にできるとする。老後の生活資金を確保するためには、勤労期間に年間所得の約8・5%を貯蓄すればいい。

貴弘の4.0シナリオ①
ポートフォリオ型の新ステージ

余暇時間を自分の再創造《リ・クリエーション》に充て、生産性資産と活力資産に投資。70代後半でも仕事がある

このポートフォリオ型のシナリオでは、貴弘は生産性資産と活力資産に大がかりな投資を行い、さらには変身資産も大幅に高めることにより、60代以降にポートフォリオ・ワーカーに移行し、人生に四つ目のステージを加えた。

ここで押さえておきたいことは、**早い段階で生産性資産と活力資産に投資したおかげで、貴弘は77歳まで働ける**という点だ。勤労期間と引退期間の年数のバランスを取ることによって、貴弘のお金の面の見通しはだいぶ改善する。

〈4・0シナリオ② 起業家型の新ステージ〉

では、貴弘が45歳のときに真のリスクを冒し、思い切った転身を遂げたらどうなるだろうか。たとえばもっと大きな決断をくだし、起業家になるというリスクの大きな選択をしたら？ それが次のシナリオである。

2016年の貴弘▼ 自分の人生についてあらためて考えた貴弘は、将来への不安が募ってくる。「ファーラウェイ社」の仕事は過酷で、家庭にのしかかる負担も大きい。無形の資産が充実していたフリーランス時代が懐かしい。問題は、家族の生活を支えなくてはならず、住宅ローンの返済もあることだ。計算すると、現在のペースでは十分な金

銭的資産を蓄えられず、70歳までには老後の生活資金が必要なだけ貯まらない。

そこで、自分の意思で未来を選択しようと、やはり余暇時間の一部をレクリエーション（＝娯楽）ではなく、リ・クリエーション（＝再創造）のために使うことにする。このあと2年間、貴弘は週末と休暇を費やして、起業に向けた準備を進めるのだ。

まず、ＩＴ市場の状況をよく検討し、自分についての知識を築くことから始める。研究の結果、多くの新興企業が事務・管理業務のコストを抑えたがっていることが見えてきた。そこで貴弘が連絡を取ったのは、インドの昔のアウトソーシング先の関係者たちだ。貴弘は「ファーラウェイ社」から1週間の休暇を取ってインドに足を運び、昔の仕事仲間たちのオフィスを訪ね、どんな仕事をしているのか見学する。

調べれば調べるほど、自分の起業計画が有望に思えてくる。そこで、関連のテクノロジーについてさらに学ぶために行動を起こす。「ファーラウェイ社」の仕事のかたわら、いくつかのサイドプロジェクトをおこない、転身後の仕事の感触を探り始めたのだ。

地元の起業家クラブに加わり、毎月の会合に参加する。会計とマーケティングのオンライン講座も受講する。起業家クラブでは、新しい知人を大勢増やすことができた。すでに自分のビジネスを始めている人もいる。こうして、夢が次第に具体性を帯びてくる。

どのような事業が可能かを考えた結果、貴弘は大きな決断をくだす。

いま住んでいる町は規模が小さく、起業後に顧客になってくれそうな新興企業があまり存在しない。そこで戦略を一歩前に進めて、「ファーラウェイ社」の上司に掛け合い、大都市の拠点に異動させてもらう。中小企業が多く集まり、ビジネスが盛んな都市だ。新しい町に移るとさっそく、地元の中小企業オーナーたちとの人脈づくりを始める。

また、貴弘は休暇を取ってインドを訪ねたとき、ボブと知り合っていた。インドのアウトソーシング会社2社と緊密なビジネス上の関係を築いている人物だ。貴弘はさまざまな選択肢を検討するうちに、業界とインドの状況の両方に精通しているボブが絶好のビジネスパートナーになりうると考える。ボブは、起業家志望者を対象に訓練と創業資金を提供する政府プログラムを利用するよう助言してくれる。

2019年の貴弘▼　3年後、いよいよ準備が整う。これまで取り組んできたサイドプロジェクトがことごとく実を結び始める。

クラウド・テクノロジーに関する知識も十分蓄えたし、インドのアウトソーシング会社とも強いコネを築けた。成長著しい小規模企業が集まる都市に身を置き、政府の起業支援の仕組みを利用できる態勢も整えた。

この数年間、貴弘と真弓は支出を細かく見直し、出費を減らすためにライフスタイルを変更してきた。海外旅行をやめにし、ゴルフクラブを退会し、質素な暮らしを心がけるようになったのだ。これにより、倹約生活に慣れることもできた。

ボブと一緒に「ユアIT社」という会社を設立するのは、2020年前半。巨大な多国籍企業を築こうとは思わないが、会社が存続できるようにしたいと思っている。貴弘とボブの地元のコネを通じて最初の二つの顧客を獲得し、インドの提携企業と緊密に協力しながら低コストで効率のよいサービスを提供する。

このシナリオで注目すべき点は、早い段階で本人が計画して準備したうえで起業を選択していることだ。

貴弘は起業の4年前に、有形と無形の資産を整え始めた。そして、さまざまな実験とサイドプロジェクトを通じて、自分自身と市場について十分に理解を深めることもできた。多くの新興企業は破綻する。貴弘の会社も、破綻する可能性は小さくない。それでも貴弘は有形資産と無形資産を築き、とくに変身資産を充実させているので、多くの選択肢を確保し続けられる。もし会社が破綻しても、ポートフォリオ・ワーカーに転身できるだけのスキルは持っている。

貴弘の4.0シナリオ②　起業家型の新ステージ

起業に向けた準備を始める。
自分についての知識を深め、地元の起業家クラブにも加わって新しい知人を増やす。
有形・無形の資産を増強させ、ユアIT社を設立

ポートフォリオ型にせよ、起業家型にせよ、4・0シナリオを実践するためには、現在の状況を直視し、待ち受けている未来をじっくり検討しなくてはならない。そうして自分についての知識を深め、新しい経験に対して開かれた姿勢を持つことにより、どのような選択をしたときにどのような結果が待っているかを予測できるようになる。貴弘が新しいスキルに本格的な投資をすることの必要性を理解できたのは、そのおかげだ。

この二つのシナリオでは、貴弘が歩む道のりは比較的平坦で、最後には成功を収める。しかし実際には、そう簡単な道ではない。運に恵まれない人もいる。必要なスキルや人的ネットワークを築けなかったり、必要な時間や努力をつぎ込まなかったりする人もいる。成功を収める人たちにとっても、変化はストレスをともなう試練と感じられるだろう。

これほどの労力とエネルギーをつぎ込んでまで4・0シナリオの人生を生きることに、どのようなメリットがあるだろう。

まずは、いずれも有形の資産と無形の資産を構築・増強できるという利点がある。所得の多い期間が長くなるので老後の生活資金の蓄えを増やせるし、生産性資産と活力資産も強化できるのだ。

もっとも起業家型の新ステージは、お金の面でも無形の資産の面でも、よりリスクが大きく、ストレスも大きい。ポートフォリオ型の新ステージを選べば、夫婦が一緒に過ごせる時間を多く確保できる。どちらを選ぶかは本人の嗜好と状況次第だ。

萌美の4・0シナリオ――行く先に待つ困難

40代後半の貴弘はすでに人生を途中まで生きており、今後の選択肢は限られる。それに対して、1998年生まれの萌美は大人への一歩を踏み出したばかり。貴弘より人生の道筋の柔軟性が大きい。人生はまだこれからだ。

ここからは、萌美のシナリオを検討していくことにしよう。

まず指摘しておきたいのは、貴弘にとって実践しにくい3・0シナリオは、萌美の場合はまったく実践不可能になるということだ。老後の生活資金を確保するためにあまりに長い第二ステージを生きなくてはならず、そのせいで無形の資産を十分に形成できない。

また、貴弘の人生で示した3・5シナリオもおそらく成功しない。人生が非常に長いからだ。有形の資産と無形の資産の両方に問題が持ち上がる。

お金の面では、追加された0・5ステージに多くの所得を得られないので、その期間が長く続けば老後の生活資金を十分に蓄えられない。また無形の資産の面では、このシナリオを実践すると、萌美より人生が短い貴弘ですら生産性資産がすり減ってしまうという問題を抱えている。教師として働くにせよ、コンサルタントとして働くにせよ、知識や経験が次第に時代遅れになるのを避けられないのだ。

萌美の場合、**4・0シナリオ、または5・0シナリオの人生を生きる**しかなさそうだ。

では、貴弘より長く生きる萌美の4・0シナリオは、どのようになるだろう。

萌美が老後に最終所得の50％の生活資金を確保したければ、働いている間に所得の14％を貯蓄に回すとしても、80歳まで働かなくてはならない。

このように約60年働く場合、教育→仕事→ポートフォリオ→引退という4・0シナリオは実践可能だろうか。

萌美が労働市場に加わるのは、2019年頃だ。その後数十年の間に、中スキルだけでなく、高スキルと低スキルの定型的な職も続々と消滅していく。したがって、萌美は多くの時間を費やして新しいスキルを習得し、市場の先行きも予測しなくてはならない。生産性資産を保つためには、職場でコーチングと研修を受け、さらに別に時間を取ってトレー

萌美が人生でとりうるシナリオ

3.0シナリオ：×　3.5シナリオ：×
4.0シナリオ：○　5.0シナリオ：○

ニングを受ける必要がある。どこでも通用する新しいスキルを職場で習得しようと思えば、それを支援してくれる企業を見つけなくてはならない。貴弘が身をもって経験したように、従業員の能力開発を支援する意思と能力がどの程度あるかは、会社によってまちまちだ。また、貴弘の4・0シナリオと同様、週末や休暇の一部を能力開発と学習に費やさなくてはならなくなる。**生産性資産に絶えず投資し続けなければ、必要とされるレベルのスキルを保つことは難しい**からだ。

活力資産に関してはどうだろう。長期にわたり中断なく働き続ける場合、萌美は果たして活力資産を維持できるだろうか。従来型の企業に勤めて、週5日、朝9時から夜6時まで働く生活をしていたら、**活力資産は枯渇してしまう**。

いずれにせよ、萌美が生産性資産と活力資産に再投資し、それらの資産を再活性化させ続ければ、4・0シナリオは機能する。

しかし萌美の人生の選択肢は、貴弘より多い。ほかにもさまざまなシナリオを選ぶことができる。変身を遂げるのが得意なら、四つといわず、五つのステージで構成される人生を生きることもできる。

萌美の5・0シナリオ——85歳で引退するまで

萌美が五つのステージを生きるシナリオについて検討しよう。

２０１９年の萌美▼　20代を迎えた萌美は、自分が１００年以上生きる可能性が高いと思っていて、それを前提に人生の選択をおこなう。今すぐに人生の針路について大きな決定をくだすことを避け、さまざまな選択肢を模索するのだ。

萌美は大学卒業後、旅に出る。その間、各種の資産をあまり築かないまま、不安定な雇用形態で働くこともいとわない。エクスプローラー（探索者）の日々だ。

たとえば、アルゼンチンとチリを旅するとしよう。萌美は、その過程でラテンアメリカの文化を知る。スペイン語も習得する。

昔から料理好きの萌美は、ラテンアメリカの都市の屋台に強い興味をいだく。期間限定営業の屋台が繁盛しているのを目の当たりにし、自分もフィエスタ（お祭り）の日だけの屋台を始められないかと夢見始める。流暢なスペイン語を駆使して、いくつかの都市のフィエスタ主催者と連絡を取り、実際の経験を通じて屋台ビジネスを学んでいく。収入はわずかだが、滞在費用をまかなうには十分だ。

この時期、萌美は大いに楽しみながら、組織づくりのスキルを磨き、予算策定の基礎を学び、ラテンアメリカ各地のフィエスタ主催者とのコネも築く。

2026年の萌美▼　20代後半。帰国した萌美はフィエスタ・ビジネスの会社をつくりたいと真剣に考えるようになり、数人の友人を誘って会社を始める。インディペンデント・プロデューサーとして、組織に属さずに働くのだ。

初期の大きな仕事は、いくつかのストリート・フィエスタの企画と運営だった。萌美は、事業を立ち上げる人の多くと同様、資金繰りに苦労する。そんなとき、数々のイベントを黒字に乗せてきた経験を持つ悟志という人物と知り合う。

悟志は、期間限定のイベントを手がける大勢の起業家たちを紹介してくれたほか、資金調達に関して視野を広げるよう萌美に促す。2020年代半ばまでには、オンライン上で不特定多数の人から資金を調達するクラウドファンディングが本格的に普及しており、萌美は思い切って出資を募る。

また、積極的に評判を確立する必要性にも気づき、このあと数年間はとりわけそれに

萌美の5.0シナリオ：20代

エクスプローラーとして旅をし、興味を持ったフィエスタの屋台を始める。
帰国後はフィエスタ・ビジネスの会社を立ち上げ、インディペンデント・プロデューサーとして無形資産を蓄積

力を入れる。元気でおもしろい人物というオンライン上のイメージづくりのコツを悟志に教わり、ブログを毎週更新して、フィエスタ主催者たちの間に熱心なファンを続々と獲得していく。

やがてファンは何千人にも膨れ上がり、活気あるオンラインコミュニティが形成される。期間限定フィエスタの主催者たちを中心とするブログの愛読者コミュニティは、国内各地やほかの国にも広がり始める。

この時期、萌美は自分についての知識を深め、多くのことを発見する。自分がどういう人間なのか、そして自分が何をするのが好きなのか。

先々まで後悔するような選択をすることは避けたいので、世界についての視野を広げられるような経験に身を投じる。選択肢を広げ、スキルを磨き、人的ネットワークを充実させ、評判を確立し、長い人生を生き抜くのに必要な強みを身につけていく。つまり無形資産を充実させるのだ。

当座の生活資金は、身につけたばかりのスキルを駆使して稼ぐ。慎ましく、負債を抱えずに生きられる程度のお金は儲けられる。

単に無目的に生きる若者たちとの違いは、無形の資産を築き、選択肢を増やすために積極的に取り組むという点だ。具体的には、有益な基礎スキルを身につけ、オンライン上で評判を確立するという形で、生産性資産を築く。

そして目的意識を持ってさまざまな土地を旅し、多様な人々と知り合うことにより、変身資産も充実させる。とくに多様性のある人的ネットワークは、アイデンティティを変えていくうえで不可欠だ。

萌美はこの時期、新しいことに取り組み、実験をおこない、スキルや知識を身につけ、自分が得意なことや好きなことを見極める。これらのことを、組織のルールや手続きに縛られずに、自分でコントロールできる環境でおこなうのだ。

この時期には、活力資産も本格的に育む。世界を飛び回る日々は、きわめて過酷だ。お世辞にもバランスの取れた生活とはいえない。それでも旅先で素晴らしい友人たちと出会い、一緒に仕事をし、互いのことを深く知るようになる。こうした自己再生の友人関係は、将来大きな意味を持つ。

このステージで注目すべきなのは、**テクノロジーを駆使して、自分が何を経験するかを選び、評判をコントロールすること**だ。オンライン上で確立した人格、形成した幅広い人的ネットワーク、成功させた新しい取り組みはすべて、有効な宣伝材料となり、**将来の**

キャリアを飛躍させる発射台になる。萌美のような人たちにとって、オンライン上の人格と評判は、学歴に負けず劣らず重要なのだ。

この時期、多くのボーイフレンドができるが、特定の誰かと生涯を約束することはしない。間違いのない選択をしたいと考えて、慎重に振る舞うからだ。

2033年の萌美▼ 30代半ばの萌美には、さまざまな選択肢が残されている。自分の事業を成長させ、永続的な企業に育てるという選択肢もある。長く起業家を続けるつもりなら、それが好ましい。しかしそういう人生に魅力を感じない場合は、どのような選択肢があるだろう。

萌美は、このあと10年ほどの間に金銭的資産を築かなくてはならないと自覚している。これまでは無形の資産を築くことに専念し、エクスプローラーとインディペンデント・プロデューサーのステージを楽しんできたが、そろそろ長い人生に向けて資金面の準備を整える必要がある。

オンライン上で存在感が高まった萌美は、大企業の幹部たちの目にとまり、数社から入社を誘われる。食とエンターテインメントの分野での充実した経験、質の高い人脈、それに新しい取り組みを成功させ、顧客のニーズを理解してきた実績が評価されたのだ。

声を掛けてきた企業の中に、有名な食品企業の「イートウェル社」も含まれていた。マーケティング担当の幹部が萌美のウェブサイトを見て、食とエンターテインメントを一体化させていることに感心したのだ。オンライン上の活動を強化し、世界中の食関連のイベントを紹介したいと思っていた同社は、その担い手として萌美を招きたいと考えた。萌美は、交渉により、それなりの給料と地位から出発できた。これは、大学を出てすぐに就職した俊夫には考えられないことだった。

もっとも萌美は、企業の文化にすぐにはなじめない。新興企業から大企業に移った多くの人がそうであるように、意思決定がうんざりするくらい遅く、アプローチがあまりに官僚的だと感じるのだ。それでも萌美は大企業で成功したいと思っていて、いくつかの国際的な役職を歴任し、その都度給料が大幅に跳ね上がっていく。

この時期にも、生産性資産の強化が続く。萌美の職業上のアイデンティティは、「ベンチャーの人物」から「大企業の世界で活動できる人物」へと変貌する。

ビジネス界の知識と専門技能も充実させていく。ラテンアメリカで過ごした経験により、持続可能なサプライチェーンの構築という難題について深い理解を得られたことに気づき、このテーマに関する知識をさらに増やすために、3日間の時間を取って専門のセミナーに参加する。それを通じて、ほかの企業関係者やＮＧＯ関係者など、それまで接点がなかった人たちと知り合う。

イートウェル社での2年目、そうした人的ネットワークを土台に一つの企画を提案する。アマゾン地方やアフリカのルワンダのグループから、食品の新しいフレーバーの原料を購入するというアイデアだ。

萌美はこのプロジェクトでビジネスの実際を知り、目が回るくらい忙しい日々を送る。一方、環境の持続可能性と農産物の輸送に関して農家と協力している地元のＮＧＯとの関係も深めていく。ブログを頻繁に更新したり、持続可能なサプライチェーンに関する記事を書いたり、講演をしたりして、職業上の評判を確立することにも腐心する。

活力資産も引き続き強化する。子ども時代や旅行中に知り合った友人たちと連絡を絶やさず、強力な友人関係を保つ。同世代の多くの女性と同じく、パートナーを見つけて子どもをつくることは先延ばしにしてきた。しかし、すでに30代半ば。出産に適した年齢の上限が近づいている。

そんなとき、ブラジルを旅行中に、地元のＮＧＯで働く和雄という男性と知り合う。持続可能性の問題に情熱を燃やす人物だ。二人の間に恋が芽生え、結婚し二児をもうける。夫婦はベビーシッターの力を借りつつ、家事を分担しておこなう。

2041年の萌美▼ イートウェル社での8年間は過酷だったが、大きな成功を手にできた。しかし、次第に不満が募ってくる。会社の上級幹部に昇進していたが、新しいCEOと新しい経営チームがやって来て、これ以上の昇進は難しそうだと気づく。

そこで萌美は、新しい選択肢を模索し始める。国際的な食品ビジネスの世界で働いて約10年。ほかの分野の仕事をしたいと思うようになっていた。

45歳のとき、イートウェル社を退職する。

厳しい決断だった。萌美が働かなくなり、一家の所得は大きく落ち込む。それでもパートナーの和雄が働いているので、家計は厳しいながらも破綻せずに済む。

時間に余裕ができた萌美は、学校に通う子どもたちの世話をしたり、高齢の両親との時間を過ごしたりできる。しかし半年も経つと、数年先には仕事を再開すべきだと思うようになる。仕事が恋しいし、お金も必要だからだ。そして、ありうる自己像について考えてみたところ、自分が変化を求めているらしいと気づく。

こうして、萌美は本格的に働き始めてから最初の移行を経験する。

エクスプローラーのステージにいたとき、自分のアイデンティティを理解するために時

萌美の5.0シナリオ：30〜40代

有形資産の蓄積のためイートウェル社に就職。
多忙な日々を送りながらも結婚・出産。
会社の上級幹部に昇進するも、新しい選択肢を模索し始める

間を費やしたように、ここでも**アイデンティティを見つめ直し、自分の未来について考える。**さまざまな選択肢について友人や知人の話を聞き、進むべき道を検討する。これは、**変身資産を真に強化するプロセス**といえるだろう。

萌美が選べる道は無数にある。昔のように自分の会社をつくってもいいし、ポートフォリオ・ワーカーになってもいい。企業の世界にとどまってもいい。

萌美はどのような決断をくだすだろうか。この時点で40代半ば。これからしばらくはお金を稼ぐ時期だと考えて、貯蓄を増やし、住宅ローンの返済を進めると同時に、和雄のキャリアを支えようと思うかもしれない。和雄は、萌美が仕事を再開したら、あらためて自分の進む道を検討しようと計画しているのだ。

萌美は所得を最大限増やすために、人材採用コンサルタントの仕事を目指すことにする。しかし、すでにこの仕事をしている人たちの話を聞いて、自分にはビジネスの経験こそあっても、人間の心理に関する知識が不足していると気づく。

そこで必要な生産性資産を磨くために、新しいスキルの習得に乗り出す。2年間かけていくつかのオンライン講座で学び、大学で職業心理学の学位も取得する。これにより人材会社で働く準備が整い、「タレントファインド社」に就職する。ホテル、旅行、食品分野が専門の人材会社だ。

2046年の萌美▼ 48歳で人材採用コンサルタントとして出発した萌美は、成功するために精力的に働く。有形の資産の形成に力を入れる日々を送るのだ。このあと15年間、同じ業界内で数回の転職を重ねた末、60歳のときにヘッドハンティングされて、業界屈指の大手企業の取締役に就く。

これを機に、生産性資産を構成する重要な要素が昔とは変わり始める。社内のほかのメンバーのメンタリングやコーチングをする機会が増え、その人たちの人的ネットワークの一員として果たす役割が大きくなるのだ。一方、活力資産が底を突きつつあるのに、ほとんど補充できていないことに気づき始める。仕事は過酷で、出張も多く、家族のために割ける時間があまりない。

2068年の萌美▼ お金の面でうまくいき、貯蓄を増やした萌美に、選択の時期がやって来る。今の仕事を続けて、有形の資産をさらに増やすこともできる。しかし、20年間の過酷な仕事の日々を送る間に、友人たちと疎遠になり、パートナーの和雄との関係がピリピリし、健康も悪化し始めていた。休息を取り、自分のために時間を使いたいと思い始める。

そこで、活力資産の補充を最優先にした生活に転換することを決める。子どもたちにはもう手がかからず（二人ともエクスプローラーのステージを生きている）、和雄とゆっくり過ごすことを妨げるものはない。70歳の萌美は、和雄と一緒にまた旅に出る。

2070年の萌美▼ リフレッシュした萌美は、キャリアの次の段階に移行することを望む。ただし、同世代の多くがそうであるように、仕事はしたいけれど、過酷な仕事や大幅に時間を制約される仕事には就きたくない。

ここで、それまで築いてきた変身資産が威力を発揮する。多様性に富んだ友人や知人のネットワークを通じて、すぐに四つのプロジェクトの計画がまとまる。目指すのは、夫婦のライフスタイルを維持するために必要な所得を確保すると同時に、萌美が渇望する刺激を得られる日々を送ることだ。また、この時期には地域コミュニティと広い世界のためにも生産性資産を使うようになる。

具体的には、さまざまな要素で構成されるポートフォリオ型の生き方を実践する。中身は、その時々で変わる。負担の大きな活動が多くの割合を占める時期もあれば、そうでない時期もある。それでも、慈善活動、地域コミュニティの活動、ビジネスの活動を組み合わせるという点は、つねに変わらない。

85歳のとき、萌美はいよいよ本当に引退する。これ以降は孫やひ孫と過ごす時間を大切にし、毎年1回は、彼らを連れてアマゾン地方に出かけ、自分の人生で大切な意味を持った土地を訪ねる。

キャリアダウンというポジティブな選択

萌美は、長い期間働くことにより、お金の問題を解決できているだろうか。勤労期間全体にわたって、年間所得の何%を貯蓄する必要があるのかを見ていこう。

5・0シナリオを実践する場合、計算はやや複雑になる。85歳まで働くので、老後に貯蓄を取り崩して暮らす年数が短くて済む半面、二度の移行期間の生活資金も用意しなくてはならないし、若いときには長い間ほとんど貯蓄ができない。何しろ30代半ばまでエクスプローラーのステージを生き、本格的な仕事に就かないのだから。人生の資金計画を立てる際は、これらの時期のことも考慮に入れなくてはならない。

萌美の5.0シナリオ：40代以降

イートウェル社を退社し、大学で学び直す（＝移行期①）。48歳でタレントファインド社に就職。20年業界で働いた後、エクスプローラーとして活力資産を補充（＝移行期②）。ポートフォリオ型の人生を実践する

貯蓄率を計算するにあたっては、いくつかの前提条件を仮定する必要がある。

まず、20代から30代前半にかけてのエクスプローラーとインディペンデント・プロデューサーの時期には、ほとんど貯蓄ができないものとする。ただし、当座の生活費用をまかなう程度の所得は得られるものと考える。つまり、所得は少ないが、債務を増やすことは避けられるというわけだ。

こうした前提に立つと、引退後に最終所得の50%の生活資金を確保し、二度の移行期間の生活資金もまかなうためには、イートウェル社時代、タレントファインド社時代、ポートフォリオ時代に、**毎年所得の10・9%を貯蓄に回す必要**がある。

また、ここでは萌美のキャリアが一直線に進むように仮定したが、当然ながら異なる道を歩む可能性もある。

たとえば、企業で働く期間にもっと多くの業界や企業を渡り歩くかもしれない。ポートフォリオ・ワーカーのステージの代わりに、食への愛を土台に和雄とレストランを経営してもいいだろう。あるいは、再び食品業界の企業に戻り、今度は昔より地位が低く、ストレスも軽い役職に就くこともできる。

どのような人生のシナリオを描くかによって、経験する移行の性格が変わり、直面する

課題や試練も変わる。業種を移る際にそれまでの評判を維持することが課題になる場合もあるだろうし、自分の会社を立ち上げることにともなう試練に直面する場合もあるだろう。

いろいろな意味で最も注目すべきなのは、萌美が食品業界に復帰して、**昔より低い地位の役職に就く**というシナリオだ。

一般に、企業でのキャリアは「階段」という言葉で表現されてきた。年齢を重ねるとともに出世の階段を上り、地位が高くなっていくというイメージだ。しかし、このシナリオを生きるとすれば、萌美はその常識を破ることになる。

これからは、**キャリアのイメージは階段ではなくなっていく**かもしれない。

昔より地位の低い役職に就いた萌美が、会社に貢献できる点は多い。若い人たちと交わり、コーチングをしたり、ロールモデルになったりできるのだ。萌美もまた若い同僚たちから学べることがたくさんある。若い人たちと触れ合うことにより、活力資産を強化し、人生に対して前向きな姿勢をいだき、長い間若々しくあり続けられる。

直属の上司はやりにくいかもしれない。自分より高い地位に就いていたことがあるベテランを部下に持つという状況は、うまく生かせれば大きな恩恵をもたらすが、不信感と不安を生む可能性もあるからだ。互いの意識変革が必要となる。

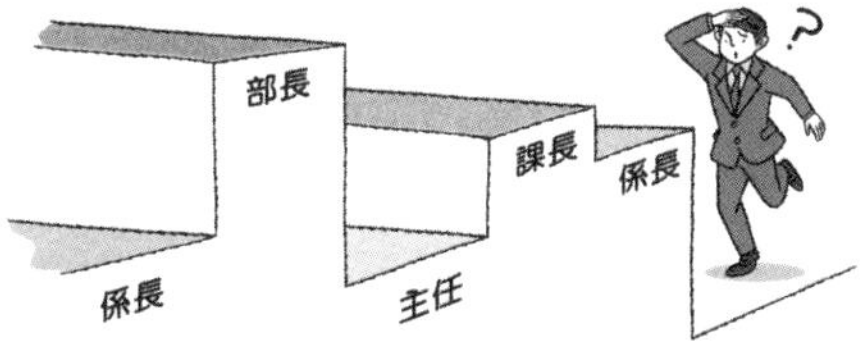

キャリアのイメージは、「アップ」だけではなくなっていく

今後のキャリアの道筋は、企業の「階段」を上るだけでなく、**下る決断をくだす人がどんどん増えていく**だろう。人々が１００年ライフに合わせた生き方と働き方を実践し始めるにつれて、この点が大きな関心事になることは間違いない。

萌美とほかの世代の決定的な違いとは

ここでは、貴弘と萌美の人生について明るいシナリオを描いた。解雇や離婚、病気などによりダメージを受ける可能性は考慮していない。しかし個々のシナリオがこのような歓迎されざる出来事に対してどの程度の耐性を持っているかを検討することは、人生設計の重要な要素になる。

萌美の人生のシナリオを検討してみて、ここではっきりいえるのは、萌美が５・０シナリオの人生をうまく生き抜き、不慮の事態の直撃を受けずに済むとしても、**大規模な変化や移行をいくつも経験する**ということだ。

貴弘は40代半ばのとき、変身資産を築くことの重要性に気づき、当初目指していた３・

０シナリオからの大きな転換に乗り出す。それに対し、萌美は**最初から変身することを前提に未来の人生を計画**しなくてはならない。

もう一つ、萌美がそれ以前の世代と明らかに異なる点がある。それは、人生が非常に長くなるため、**活力資産を保つことがきわめて難しい**という点だ。

５・０シナリオでは、キャリアを中断してリフレッシュし、変身を遂げるための期間を二度設けている。これらの時期には、人的ネットワークを広げ、自分のアイデンティティについてじっくり考えることにより、変身資産も築く。

長寿化時代には、**無形の資産を補充し、本格的な移行を成功させるために自分を「再創造」する期間を設けることが当たり前になる**だろう。萌美は、余暇の時間の多くを消費ではなく投資に割かなくてはならなくなる。移行期間を設けるために、その間の生活資金も蓄えておく必要がある。

このほか、萌美の５・０シナリオでは、見落としてはならない重要な要素が三つある。

①アイデンティティ

人生で多くのステージと多くのキャリアを経験するようになれば、そのすべてを貫く一本の柱を一層しっかり持つ必要が出てくる。これがアイデンティティだ。そのような柱があってこそ、人生のシナリオが真の意味で自分のものになる。萌美にとって、最初に世界を旅して探索をすることが重要なのはそのためだ。

そうした経験を通じて、自分がどういう人間なのか、何を大切にするのかが明確になれば、人生の多くのステージに一貫性を持たせられる。過去と未来をつなぐ一貫したストーリーを持っている人は、いくつものステージを移行することにともなうリスクが小さい。

②パートナーとの関係

二つめは家庭内のパートナーとの関係だ。俊夫の典型的な３・０シナリオの人生では、俊夫が働き、妻の富子が家事と育児を担った。それにより、（とくに俊夫の視点からは）有形の資産と無形の資産のバランスが取れていた。

しかしこうした役割分担では、１００年ライフを生き抜くことができない。むしろ今後は男女両方が職を持つことに魅力を感じる夫婦が増えるだろう。そのほうが、老後の生活資金や、人生の途中での移行と再創造のための資金を蓄えやすいからだ。

夫婦の両方が職を持つ場合、無形の資産の強化と、さまざまなステージと移行の順序づけに関して、綿密な調整をおこなう必要性が増す。パートナーのそれぞれが自分の人生を計画し、人生のバランスを取ろうとすれば、**移行と変化をマネジメントするために二人が**

萌美の5.0シナリオにとって重要な3つの要素

支え合い、互いに尽くす必要が出てくるのだ。

③複雑な資金計画

三つめは、資金計画が俊夫の世代よりはるかに複雑になることだ。

3・0シナリオを生きる俊夫の場合、勤労期間に金銭的資産は次第に増えていき、引退時にピークに達し、その後はまた減っていく。谷底は一つ、そして頂点も一つだ。所得が最も高い時期は、勤労人生の終わり近くに訪れる。

しかし萌美の場合はそうはいかない。谷底と頂点が何度も訪れる。そして、その丘の傾斜角度もまちまちだ。また萌美にとって生涯で最も所得の高い時期は、引退よりだいぶ前に訪れる。生涯に多くの選択をおこなうため、考慮しなくてはならない変数も多い。

ここで紹介したシナリオでは、働く期間が二つの移行期間を挟んで三つにわかれている。それぞれの期間の所得と移行期間の長さも予測する必要があるだろう。また、「最終所得の50%の生活資金」という設定も、それが合理的かどうか再度検討しなければならない。

本書では、お金に関するシミュレーションをできるだけ単純化してきたが、萌美のようにマルチステージの人生を送る人は、最もシンプルなシナリオにしたがっても、多くの選択肢を持つようになる。資金計画を決め、その実施状況をチェックすることは簡単ではない。そこで、第6章では、長寿化時代を支えるためのお金との向き合い方を語ろう。

　本章で紹介した貴弘や萌美のシナリオは、あくまで一例であり、あらゆることを単純化している。あなたにその生き方を押しつけることは意図していない。マルチステージの人生の歩み方は、ほかにいくつも考えられる。それぞれのステージごとにリスクも潜んでいるし、個々のステージがもたらす結果次第で、その後の人生の道筋もまた変わっていく。

　少なくとも、3ステージの人生で身も心もすり減らしながら100年ライフを生きるということが、あなたにとってたった一つの選択肢というわけではない。

　私たち一人ひとりが自分にとって魅力的な未来について考え、有形と無形の資産のバランスを取ることを念頭に置きつつ、未来の細部を具体化していかなくてはならないのだ。

貴弘と萌美のシナリオ一覧

 貴弘のシナリオ	**3.0**	**3ステージモデルに従う。60歳で貯蓄は不十分で、無形資産も不足**
	3.5	既存の知識を活かして大学で教鞭をとり、70歳まで働く
	4.0①	**余暇時間を使って自分を再創造し、70代後半まで働く。ポートフォリオ型の新ステージ**
	4.0②	知識を増やし、人脈を広げて自ら起業。有形・無形の資産を増強する、起業家型の新ステージ
 萌美のシナリオ	**5.0（20代）**	**エクスプローラーとして旅をし、インディペンデント・プロデューサーとしてフィエスタ・ビジネスを立ち上げる**
	5.0（30〜40代）	有形資産を形成するため大企業に就職。働きながらアイデンティティを見つめ、変身資産を強化する
	5.0（40代以降）	**企業を退社し、移行期に2年間大学で学び直して再就職。別の業界で働いたあと、活力資産を補充。ポートフォリオ型の人生を実践**

第6章

お金の心配を減らすための考え方

お金に苦手意識を持つ人へのアドバイス

１００年ライフを送ろうと思ったら、お金の問題は避けて通れない。しかし、長期の資金計画がイメージできなかったり、考えることそのものが不得意だったりする人は多いのではないだろうか。

金融関係には専門用語が多いから、それだけでちんぷんかんぷん。

また資金計画を立てたところで、すぐに恩恵を実感できるわけでもない。

未来の自分がどうなっているかさえ思い描けないのに、お金について計画が立てられるはずもない。

しかしお金の問題は、正面から向き合う必要がある。

これまで述べてきたように、１００年ライフを有効に生きるためには、３ステージの人生から脱却し、無形の資産のマネジメント方法をあらため、人生の設計を大きく変更する必要がある。ただしこれだけでは、お金の問題を解決できない。人生設計を大きく変更するためにはお金が必要だし、お金があるからこそ３ステージの人生からの脱却も可能となるのだ。

引退者を対象にした調査によると、70%の人がもっとお金を貯めておけばよかったと後悔している。後悔することがわかっていても、なお腰が重く苦手意識ばかりが先行してしまうかもしれない。

そんな人は、自分にこう問いかけてみてほしい。

「80歳の私は、いまの私がくだしている決断を評価するだろうか？」

80歳になって「いまの自分」を恨んでも、もうやり直すことはできない。しかし、いまなら考え直し、やり直すことが可能なはずだ。

個別のケースは論じにくいが、ここではお金との向き合い方、１００年ライフを送るために必要なお金の考え方を紹介していこう。ポイントとなるのは、次の三つだ。

■お金の現実を直視すること

■お金に関する自己効力感

■お金に関する自己主体感

第2章で、老後の生活に必要な資金を最終所得の50%と設定したが、自身の人生にそれ

80歳の自分は、
いまの自分がくだす決断を
評価するか？

が本当に当てはまるかどうか、現実と照らし合わせながら検討してみよう。楽観視せず、つじつまを合わせるにはどうすればいいかをここで考えてほしい。

また適切な資金計画を立てるには、第4章で触れた**自己効力感**（**自分ならできる、という認識**）と、**自己主体感**（**みずから取り組む、という認識**）の二つが必要だ。

自己効力感は、資金計画に現実性を持たせ、貯蓄への意欲の大きさなど、自分についての知識を充実させることをともなう。自己効力感を持っているといえるためには、以下の問いに答えられなくてはならない。

生活していくために、どれくらいお金が必要か？

何歳まで仕事を続けたいか？

自分の金銭面の状況をどの程度把握しているか？

自分はどのくらい金融知識を持っているか？

まずは大まかでいいので、これらに対する答えをメモしておいてほしい（あとでいくらでも修正可能）。

さらに、こうした自分についての知識を前提に適切な行動を取るためには、**自己主体感に基づく自制心を発揮**しなければならない。自分の現在のニーズと、未来のニーズのバランスを取る必要があるのだ。

もう一度、自分に問いかけてみてほしい。

「80歳の私は、いまの私がくだしている決断を評価するだろうか？」

お金の現実から目を背けがちな人の思考

第2章で貴弘の人生の金銭面を分析したとき、65歳で引退し、最終所得の50％の老後資金を毎年確保したければ、勤労期間に年間所得の17・2％を蓄え続ける必要があることを述べた。萌美の場合、同様の引退生活を迎えようと思えば、25％を貯蓄しなくてはならない。

不可能とまではいわないが、非常に厳しい数字だ。それに加えて、学費ローンや住宅ローンの返済資金、医療費や介護費用は、これとは別に蓄える必要がある。

適切な資金計画を立てることは難しく、ときには痛みをともなう。

注意しなくてはならないのは、こういうとき、現実から目を背け、一見すると安易な解決策に飛びついてしまうこと。あなたはこんなふうに自分の逃げ道を用意してはいないだ

お金の現実を直視して
資金計画を立てよう

ろうか。

・引退後に最終所得の50%未満のお金でやっていけると楽観する
・マイホームの資産価値を頼りに資金調達ができると当てにする
・積極的に投資をすれば投資利益率を高められると考える

少しでもドキッとした人は要注意。このような発想では、長い人生の資金問題を解決できない可能性が高い。

では、そもそも私たちは老後にどのくらいの生活資金が必要になるだろうか。

おそらくあなたは、漠然と、引退後には最終所得と同等のお金は必要ないと思っているのではないだろうか。

スーツも新調しなくて済むし、職場の飲み会にも参加しなくなるから、仕事関連の出費が不要になる。逆に料理や大工仕事など、いままでお金を払っていた用事を自分でおこなう時間ができる。安いスーパーまで出かけていって買い物をしたり、オンライン上で割引クーポンを集めたりする時間のゆとりも生まれる。

余暇の過ごし方も、引退前とは異なるはずだ。友人とゆっくり過ごしたり、夕日が沈むのをながめたりといった具合に、あり余る時間を活用して「お金で買えないもの」に投資する活動が増える。

それに引退する頃には、子どもたちは成長して独り立ちしているだろう。16歳以上の子どもが二人独立すれば、計算上は、世帯当たりの支出を60%まで減らしても生活水準を落とさずに済む。


これだけ見ると、何となくやっていけそうに思うかもしれない。

しかし、長寿化によって若々しく生きる期間が長くなるとはいえ、やはり**医療や介護などの出費が増えることは頭に入れておかなくてはならない**。また子どもや孫の学費や結婚費用を支払ったり、マイホームやマイカーの購入費用を一部支援したりする場合もあるだろう。要するに仕事関連の出費はなくなっても、それ以外の出費が膨らむ可能性は十分にあるのだ。

検討すべきなのは、未来の老後資金と消費行動だけではない。現在の消費行動も無視できない要素だ。

高い消費レベルが身に沁みついている人ほど、引退後に消費レベルを落とすことが難しい。**消費を通じた満足度の度合いは、現在の消費レベルの絶対値より、過去の消費レベルとの相対値に大きく左右される**ことが、多くの研究からわかっている。したがって、いま支出を抑えることは、貯蓄のためだけでなく、堅実な消費パターンを身につけ、引退後に少ないお金で満足感を得やすくする効果もあるというわけだ。

またマイホームの資産価値を当てにするのも、慎重であったほうがいいだろう。マイホームは、有形の資産の中でも銀行預金や株式などと比べて特殊な性格を持っている。住宅は価値を貯蔵する手段であると同時に、**利用することによる便益**をつねにもたらし続ける。

また株式を売却したり、預金を取り崩したりする場合は、生活水準を落とさずに生活資金を調達できるが、持ち家を売って狭い家に引っ越せば、居住環境の面で生活水準が下がってしまう。長年住んでいれば愛着も湧く。したがって現実には、住宅を引退後の資金源として考える人はほとんどいない。高齢になって家を売るのは、たいていパートナーの死や病気などのアクシデントに見舞われたときだけだ。

家を売却するのではなく、それを担保に借り入れをするのはどうだろう。これなら家賃負担を発生させずに資金を調達できる。この制度が引退後の資金計画で一定の役割を果たせることは確かだ。

ただしこの制度を利用するには、家が持ち家でなくてはならない。本書では、勤労期間に求められる貯蓄率を計算する際、住宅ローンの返済費用までは計算に入れていない。マイホームを担保にした借り入れは引退後の生活資金を充実させる手段になりうるが、そもそもマイホームを手に入れるためには、生涯を通してさらに多くのお金を貯める必要があるのだ。

資金計画を立てる際は、**マイホームの資産価値を当てにするのではなく、「いざというときの備え」というぐらいに考えておいたほうが賢明**だろう。

さらに本書では、貴弘と萌美の長期の投資利益率を、年3%と想定した。この投資利益率を高められれば、貯蓄に回すお金はもっと少なくて済む。

投資家の中には、長期にわたり年平均3%を上回る成績を記録し続ける人もいる。「オマハの賢人」ことウォーレン・バフェットは有名だ。しかし誰もがウォーレン・バフェットのような投資家になれるわけではない。

一般に、**高利回りは大きなリスクを取る対価**であり、そのような投資をすれば、10%の投資利益率を記録するどころか損をする可能性もある。すべては運だ。運を頼みに資金計画を立てるべきではない。

マイホームの資産価値を当てにした資金計画はリスクがある

要するに、引退後に最終所得の50％未満のお金でやっていけると楽観視するのも、マイホームの資産価値を当てにして売却するのも、大きなリスクを背負って一か八かの投資に賭けるのも、100年ライフにおいては決して賢明な手段ではないということだ。何よりも大切なのは、**お金の現実を直視すること**。そのうえで、お金の問題を解決するために、自己効力感と自己主体感を持って貯蓄を増やすことが求められる。

お金に関する自己効力感を持とう

お金に関して自己効力感（自分ならできる、という認識）を持つためには、**金融リテラシー（お金に関する知識・判断力）**が必要だ。

あなたはどの程度お金のことを理解しているだろうか。金融機関のパンフレット類を読み解き、自信を持って投資の判断ができるだろうか。

100年ライフを支えるためには、仕事関係の知識と同じように、金融に関する知識も本腰を入れて学んでほしい。ある調査によると、金融知識のある投資家は、そうでない投資家に比べてリスク調整済みで年間1・3％多くの利益を得ている。10万ドルを10年間投資した場合、金融知識のある投資家のほうが1万6000ドルも利益が大きくなる。投資期間が20年なら4万2000ドル、30年なら8万4000ドル、40年なら14万5000ドルに膨れ上がる。小さな数字でも、決してバカにならないのだ。

金融リテラシーのおおよそのレベルをチェックしてみよう。以下の質問にあなたはいくつ答えられるだろうか（解答は章末）。

◆金融リテラシーのレベルチェック

Q1　あなたが銀行に100ドル預けていて、利息は年に2％だとする。預金を引き出さない場合、5年後にはいくらになっている？

Q2　預金の利息が年に1％で、インフレ率が年に2％だとする。1年後、あなたがその口座のお金で買えるものは増えるか、変わらないか、減るか？

Q3　「一つの企業の株式を購入することは、投資信託を買うより一般に安全性が高い」――この主張は正しいか、間違っているか？

Q4 「15年物の住宅ローンはたいてい、30年物の住宅ローンに比べて月々の返済額は多いが、返済する利息の総額は少なくて済む」――この主張は正しいか、間違っているか？

Q5 金利が上昇したとき、債券の価格はどう変動するか？

もしすべて正解できれば、あなたは金融リテラシーで上位4分の1に堂々と入れる。

もし正解が少ないようなら、金融関連の書籍を読んでみることをおすすめする。あるいは、オンライン講座やセミナーの類いが現在ではたくさん用意されている。これらを利用するのも一法だろう。さまざまな調査によると、金融セミナーの参加者は、金融に関して行動を起こし、投資成績と資金計画が良好である確率が明らかに高い。実際に経験を積んでみよう。**金融リテラシーを高めるには、経験を積むことが最善の方法**なのだ。

とはいえ、金融リテラシーが高まると、投資でお金を増やすのはそんなに簡単なことではないこともわかってくる。セミナーの講師にアドバイスを求めても、返ってくる答えはいくつかの一般原則だけだろう。「ここに投資すれば間違いなく儲かる！」などという金融取引は、大きなリスクがあるか、詐欺か、そのどちらかだ。

経験を積んで
金融リテラシーを高めよう

ただし、多くの人が陥りがちな過ちを指摘することはできる。ハーバード大学のジョン・キャンベル教授がアメリカ金融学会でおこなったスピーチから、それを紹介しよう。

◆投資について多くの人が犯しがちな過ちのパターン

1　株式への投資が少なすぎる。また株式投資をしていても、十分な分散投資をしていないケースが多い

2　株式投資をする際に、「局所バイアス」の影響を受けやすい。なじみのある企業や近くにある企業の株式に投資する傾向が強い

3　勤務先企業の株式を保有しすぎる。もし企業が経営破綻したら、雇用と資産の両方を同時に危険にさらすことになる

4　値上がりしている資産を売却し、値下がりしている資産を保持し続ける傾向がある

5　投資資産を放置しがちである。投資対象の投資利益率が大きく変動しているにもかかわらず、「現状維持バイアス」に陥り、ポートフォリオを変更しようとしない人が多い

思い当たる人もいるのではないだろうか。これらの落とし穴にはまっていない人は、次の三つのことを実践している。

1　リスク分散のために投資対象を分散させ、ファンドの運営会社もいくつかにわけている

2　高齢になると損失を取り返す時間がないことをよく理解していて、引退が近づくとポートフォリオのリスクを減らし始める

3　資金計画を立てるとき、資産の市場価値を最大化させることよりも、引退後に安定した収入を確保することを重んじる

これまでは3ステージの人生が当たり前だったために、長期の資金計画はおのずと老後の生活資金の確保が主たる目的となった。しかしマルチステージの人生では、引退後の所得減少だけでなく、**人生のさまざまなステージを生きる間に経験する所得の変動（とくに所得が大幅に減る移行期間）に備えることも重要**になる。

人々が長く生きるようになり、生涯の間に所得の変動を経験する機会が多くなれば、金融業界のあり方と提供される金融商品も大きく変わっていくだろう。

お金に関する自己主体感を持とう

金融に関して学び、自分ならできるという自己効力感を得られたら、次に必要となるのは自己主体感だ。みずから取り組む、という認識である。

しかしこれはそう簡単ではない。ほとんどの人は善良でありたいと思うが、なぜかいつも善良な行動を先延ばししてしまう。ダイエットのために運動すべきだとわかっていて、それを実行に移すつもりはあるのに、実際にはそのとおりに行動しない。誰もがセルフ・コントロール（自己抑制）に苦労しているのだ。

ただし、長寿化がさらに進めば、セルフ・コントロールの失敗が生むコストは一層膨らむ。いかにして現在の行動と未来のニーズのバランスを取るか。１００年ライフを生産的で充実したものとするには、**セルフ・コントロールの能力が非常に重要**になってくる。

ダイエットについて、もう一度考えてみよう。

痩せるためには忍耐が必要となるが、実際にスタイルが良くなったり健康が改善したり

100年時代には
セルフ・コントロールが重要になる

という効果が表れるまでには時間がかかる。すると人は、目先の快楽を優先させてしまう。レストランで食事を終え、デザートメニューを目にしたとき、ついガトーショコラの魅力に屈してしまう。そして心の中で誓うのだ。

「明日からはデザートに手を出さず、エクササイズをしよう」

ところが明日も、これと同じことが繰り返される。

これには、脳の異なる領域同士の戦いがある。目先の満足を優先させる行動を取るのは「辺縁系」で、長い目で見て自分の利益になる合理的な行動を取るよう命じるのが「前頭葉」だ。ゾウとゾウ使いを想像してほしい。巨大なゾウ（＝辺縁系）の背中に小柄なゾウ使い（＝前頭葉）が乗っていて、ゾウの行動をコントロールしようとしているイメージだ。ゾウとゾウ使いが同じ方向に進みたいと思っている場合はいいが、両者の願望が食い違えば、結局はゾウの主張が通る。

引退後の蓄えを十分にしない人が多いのも、ダイエットと同じ理由だ。

貯蓄とは、**消費を延期することにより、現在から未来へお金を移すこと**である。ただし目の前に美味しそうなケーキや、待ち望んでいた新作プラモデルが置かれていたら、ついそれをレジに持っていってしまう。「貯蓄をすべきだ」という前頭葉のコントロールは利かず、短期的な満足を得るために辺縁系が優位に立つ。あなたはきっとこう思うだろう。

「よし、来月の給料からはしっかり貯蓄しよう」

しかしその言葉どおりに貯蓄が続くことはめったにない。あなたは毎回そう思いながら、問題を未来の自分に先送りする。

これを克服するのは簡単ではないが、まずは、**未来の自分に責任を持てるのは自分しかいない**ことを肝に銘じよう。

適切な計画を立てるためには、未来の自分と現在の自分の間ですり合わせをおこなう必要がある。100年ライフを幸せに生きたければ、長い人生を通じて一つのアイデンティティを確立し、**未来の自分と現在の自分を結び付けて考えること**が不可欠だ。現在の自分と未来の自分の間で「対話」を生み出すといってもいい。

将来の資金計画を立てるとき、それは自分の計画だと感じにくい。でも、80歳になった自分がいま隣に座っていると想像してみてほしい。80歳のあなたは、いまのあなたがどのような点を尊重することを望むだろうか。

また、お金に関する決定を自動化して、計画を覆す（目先の満足を得ようとする）機会を減らす方法も効果的だ。たとえば毎月一定の金額を、銀行の普通預金から定期預金に移すといった具合だ。この仕組みが有効なのは、先ほども紹介した**「現状維持バイアス」**があ

貯蓄とは、消費を延期し、
お金を現在から未来に移すこと

るからだ。ここでは、このバイアスに陥りやすい習性がプラスに作用する。いったん貯蓄のプランを決めてしまえば、多くの人はそのまま放置するので、計画通りに貯蓄がおこなわれるというわけだ。こうした貯蓄の心理学について理解が広まれば、貯蓄に関する意思決定を自動化するための画期的な貯蓄商品が次々と登場することになるだろう。

そして、いまのあなたが40代後半から50代半ばなら、今すぐに金融リテラシーを高めるための行動を取ってほしい。

ある研究では、さまざまな年齢層の経験者に、さまざまな認知スキルを試す問いに答えさせた。すると、50歳以降、分析能力は目を見張るほど落ち込む一方だったという。お金に関する分析能力が最も高いのは、40代後半から50代半ばだった。

もちろん、これはあくまでも平均の話で、すべての人に当てはまるわけではない。しかし**お金に関する良質な判断は、経験および知識、そして分析能力という二つの要素**に軸足が置かれる。若者は明晰な分析能力を持っているが、金融商品に関する経験と知識が乏しい。一方、年配者は、経験と知識は豊富だが分析能力は減退し始めている。したがって、判断能力が最も充実している中年期に将来の資金計画を立てるのは理にかなっているのだ。

金融リテラシーのレベルチェック（p. 175）の解答

A1 110ドルあまり／A2 減る／A3 間違い／A4 正しい／A5 下がる

第7章

生涯現役でいるために必要なこと

多くの人が１００年ライフを生きる時代、最も切実なのはお金の問題だろう。しかし本書では目に見えない無形の資産に多くのページを割いた。長寿化時代において一人ひとりが考えなければならない不可欠な要素だからだ。

これから私たちは人生の設計と時間の使い方を見直さなければならない。必然的にパートナーとの関係も変わっていくだろう。また私たちの自己意識は、根本から揺さぶられることになる。

本章では、１００年ライフを生き抜くために考えておきたいこれらの点について、より詳しく見つつ、整理していこう。

大切なのは、あとで変化を突き付けられるのではなく、いま、変化を予期して行動することだ。

時間の使い方が千差万別になる

３ステージの人生に代わり、マルチステージの人生が標準になれば、人生で経験するス

テージの多様性が増すことは間違いない。それにともない、**時間の配分に関するニーズも多様化**する。

金銭的資産の蓄積に重きを置くステージでは、人々はおそらく今後も長時間働くことになるだろう。一方で、家庭の事情や自らの教育のために労働時間を減らし、余暇時間を増やす時期も出てくる。

こうした柔軟な生き方は、企業にとって、とりわけ人事部門にとって悪夢でしかない。企業は画一性を好む。単純で予測可能性の高いシステムは、運用しやすいからだ。そのため、多くの組織が変化に抵抗したとしても不思議ではない。したがって最初のうちは、柔軟な働き方とオーダーメイドのスケジュールを求める個人の欲求と、標準化と予測可能性を望む企業の欲求が激しくぶつかり合う。

しかしこれから、とくに**若い人ほど実験をおこない**、**新しい生き方を目指していく**だろう。あらゆる場で実験が始まっている。時間はかかるかもしれないが、最終的には折り合いがつき、**企業が一人ひとりの働き手に**、**異なるスケジュールと職務内容を認めるようになる可能性が高い**。現在でも一部の企業は、変化に対応して方針をあらためることが得策だと気づき始めている。

もっとも、働き手が望むほどの柔軟性を発揮できる企業は、ひと握りにとどまる可能性

オーダーメイドの働き方を求める個人と、標準化を求める企業の欲求がぶつかる

もある。そこで、自由に使える時間を確保するために、組織に雇われずに働いたり、柔軟性が認められやすい小規模な会社で働いたりする人も出てくる。同じ理由で、インディペンデント・プロデューサーという選択肢に魅力を感じる時期もあるだろう。

時間の構成と順序に柔軟性があれば、いまより3ステージの人生も機能しやすくなる。また柔軟性は、新しく出現しつつある人生のいくつかのステージを後押しする要素にもなるだろう。一部の企業では、すでに副業を認める動きがある。その制度を利用して、さまざまな実験をすることも可能だからだ。

もちろん中には高スキルの職に就いたり、リーダーを務めたりすることを通じて、有形の資産を本格的に築きたいと考えている人もいるだろう。金銭面の成功を手にするために、仕事に集中的に打ち込む時期を生きている人たちもいるかもしれない。

しかしこの場合であっても、やはり従来の3ステージの人生（多少の柔軟性はあっても）は機能しないと考えたほうがいい。高スキルの職や、高位のリーダー職は、つねに長時間の過酷な労働が要求されるからだ。それは今後も変わらない。また、そうした過酷な働き方を長く続ければ、程度の差こそあれ燃え尽きてしまう。60年以上続く長い第二ステージは生き抜けないのだ。

それに健康な１００年ライフを生きられるよう無形の資産に投資するためには、週末を長くする程度ではなく、自由に使える時間をまとめて確保する必要がある。また高スキルの職に就き続けることを望むなら、スキルとテクノロジーへの投資を継続しなければならない。細切れの時間に知識を補充するだけでは充分ではない。スキルの再習得に取り組めるよう、**本格的な移行期間**を設ける必要がある。

要するに、ある種の職種の人は、週末を長くしたり、休日の日数を増やしたりするだけでも効果があるかもしれないが、**高スキルの職に就く人は5・0シナリオを実践するほうが理にかなっている**ということだ。萌美の５・０シナリオでは、企業で過酷な仕事に従事する二つの期間の前後に移行期間が設けられている。この時期に、**無形の資産を築くことに専念する**のだ。

人生の道筋をどのように描くかは人それぞれ。**時間の構成の仕方は千差万別**になっていくだろう。

そして、教育や所得のレベルも人それぞれだ。高度なスキルを持たず、選択肢が少ない人の場合には、労働時間を大幅に減らした３・０シナリオが基本形になる場合もある。あ

本格的な移行期間を設けて、
スキルの再習得に充てよう

るいは、政府がいわば移行手当制度のようなものを設けて移行期間を支援し、スキルの乏しい人が無形の資産に投資しやすいようにしてもいいだろう。

これまで、政府の政策を通じて有給休暇や育児休業の日数が増えてきた。最近では母親だけでなく父親も育児休業を取得するようになっている。同じように、政府の移行手当制度により、多くの人がキャリアの途中で変身を遂げ、１００年ライフに対応できるようになるかもしれない。

余暇時間を再創造の時間に変えよう

時間の構成だけでなく、時間の使い方、とくに余暇時間の使い方も変わる。１００年ライフでは、家族と友人、スキルと知識、健康と活力などの無形の資産を充実させることが重要となり、そのための投資が必要になる。また、すでに述べてきたように、とりわけ教育への投資が不可欠だ。長寿化の時代には、**余暇時間に対する考え方が根本的に変わることになる**だろう。

これまでの変化の歴史をざっと振り返ってみよう。余暇時間の位置づけと使い方も含めて、時間に関する今日の考え方の多くは、産業革命期に形成されたものだ。それ以前の農業労働（突発的な出来事が多く、ペースがゆっくりしているのが特徴）の時間の概念のままでは、工場労働に対応できなかった。加えて、機械時計の精度が向上し、価格が下がったことにも後押しされて、この時期に勤務時間の時間割が明確に定められるようになった。つまり工場労働が労働時間の画一化を生み、仕事と家庭の分離をもたらしたのだ。それまでは農閑期が余暇の時間だったが、産業革命以降は、余暇時間の塊がいくつか生まれた。子ども時代と引退期間、夜と週末、そして夏休みや年末年始である。

まとまった余暇時間を獲得した人々は、それをどのように使っただろうか。


1週間当たりの労働時間の削減と、週休2日制の導入を求めた労働運動は、心身をリフレッシュするために余暇が必要だと主張していた。仕事と家庭が分離され、工場での児童労働も禁止されたため、家族が一緒に過ごす時間を確保したいという欲求もあった。

余暇時間が増えるにつれて、レジャー産業が成長した。都市化の進行と余暇時間の標準化を追い風に、新しい娯楽ビジネスが生まれたのだ。コンサートホールや映画館、プロ

余暇時間に関する考え方は根本から変わる

サッカーなどだ。産業革命以前の余暇活動は公共空間で野放図におこなわれていたが、産業革命が進むにつれて、それが商業化され、規格化されていったのである。

現在に至るまでの100年間も、レジャー産業は目に見えて成長し続けてきた。余暇時間が増えてレジャー産業の規模が大きくなると、人々は自由に使える時間の多くを娯楽に費やすようになった。テレビを見たり、スポーツ観戦に行ったり、買い物したり、レストランで食事をしたり、豪華旅行をしたりといった具合である。これらはことごとく、時間を使うというより、時間を消費する活動だ。

しかし平均寿命が延び、無形資産への投資が多く求められるようになれば、余暇時間の使い方も変わっていく。時間を消費するのではなく、無形資産の形成に時間を投資するケースが増えていくのだ。これまで何度か触れてきたように、**レクリエーション（娯楽）ではなく、自己のリ・クリエーション（再創造）に時間を使うようになる**。

リ・クリエーションは、個人単位で実践されることが多い。つまり一人ひとりが自分なりにリ・クリエーションとレクリエーションを組み合わせて形づくるようになる。

過去100年間は、商業化された娯楽の消費活動を中心とするレジャー産業が台頭したが、今後は、個人レベルで自己改善への投資活動に力を入れるレジャー産業が発展するかもしれない。

また、この20年ほどで、画一的な長時間労働や男女の伝統的な役割分担など、制度や慣習の多くに異が唱えられ、その影響が弱まり、人々の支持も縮小し始めている。変革の圧力にさらされ、これらは実際に大きく変化してきた。こうした社会の流れは、１００年ライフの到来と、多くの人が直面しているテクノロジーの激変に対応するために、一層強まっていくだろう。

産業革命は、時間の構成を劇的に変えた。これから訪れる新しい時代は、それに輪をかけて大きな変化をもたらすに違いない。

双方に恩恵があるパートナー関係をつくろう

俊夫と妻の富子が結婚したとき、二人はそれまでの世代と同様、古典的な役割分担のモデルに当然のごとくしたがった。

俊夫は、家族の生活を支えるために仕事でお金を稼ぐ役割に特化し、富子は子どもを育て、温かい家庭を築く役割に特化していた。

単純化していえば、**俊夫の仕事は有形の資産（お金やマイホーム）を築くこと**、**富子の役割は無形の資産（情緒的支援や広範な友人関係）を築くこと**。夫と妻がそれぞれ市場と家庭での活動に特化することによって、別々に生活するよりも生産性を高めていたのだ。こうした夫婦関係には**「生産の補完性」**がある。

しかし二人がそうした昔ながらの夫婦の役割分担をしていく中、既存の常識の多くが変わっていった。婚姻率が下がり、事実婚の割合が上がり、結婚と出産の年齢が高くなった。こうした変化をもたらした要因は、避妊方法の進歩や法律の変更、ジェンダーの不平等に対する社会と経済の姿勢の変化、そしてもちろん長寿化の進行などである。

貴弘の場合、その生涯の間に、変化は一層力強く加速している。それは貴弘の人生のシナリオに大きな影響を及ぼしたし、これからも及ぼし続けるだろう。家族と夫婦に関する社会規範が変わり、日々の私生活と社交関係のあり方も変わった。また、家族観と夫婦観が変容するのと時を同じくして、地理的な移動手段とマスメディアの発達により、伝統的な社会生活を構成する多くの要素が弱体化していった。

第５章で示した萌美の５・０シナリオでは、結婚して子どもを産むという、やや伝統的な生き方を想定している。しかしすでに述べたように、長い人生を生きるようになれば、選択肢を残しておくことの重要性が増すため、とくに女性は結婚の時期を遅らせ始めている。

長寿化が個人の私生活と家庭生活に及ぼす最も大きな影響は、おそらく人生における子育て期間の割合が縮小することだろう。子育ての責任を負わない期間が長くなるのだ。これはすでに現実になっている。

日本でも、18歳未満の未婚の子どもがいる世帯の割合は年々減少している。１９８６年は46・２％だったが、２０１３年には24・１％だった（厚生労働省『国民生活基礎調査』）。子育てをせずに人生のかなりの期間を生きることは、昔に比べてはるかに当たり前になっているのだ。

その結果、前述の「生産の補完性」にあった夫婦関係や、男女の役割分担に対する説得力がゆっくりと、しかし大幅に低下してきた。

男女の役割分担の弱体化を突き動かしてきた要因はほかにもある。家電製品や惣菜、レトルト食品の普及により、女性たちは必ずしも家事に専念しなくても済むようになった。また、男女の賃金格差が次第に縮小していることも、性別役割分担を揺るがせている一因だろう。

家庭内のパートナー同士の関係で、「生産の補完性」が以前ほど重要でなくなっているとすれば、それに代わって重要性を増しているのは何か。

ひと言でいうなら、**相互の信頼**だ。

取引的性格を持つ旧来の夫婦関係とは異なり、その関係自体が双方に恩恵をもたらすからこそ、関係は維持される。そうした関係は、内省を土台とし、つねに再検討と再構築を受け入れる。不変の関係でもなければ、惰性で継続されるような関係でもない。**二人の間で調整を重ねていく関係**なのだ。

双方が互いの信頼に足る振る舞いをし、将来降りかかるダメージを乗り越えられるだけの絆を持っていなくてはならない。自己探求を通じて自らのアイデンティティを形づくる一方で、共通の経験を積み重ねることにより、相手との親密な関係を発展させることが重要だ（もちろん簡単なことではない）。

経済的な面では、「生産の補完性」に代わり、「消費の補完性」の重要性が高まっている。

夫婦関係は「相互の信頼関係」で築かれる

新しいパートナー関係がうまく機能するのは、内省をしやすい環境をつくり出し、二人の共通の経験を築けるからでもあるが、経済的な面でそのほうが割安だからでもある。二人の人間が別々に大きな家を買ったり、休暇を楽しんだり、生活に必要なものを調達したりするより、二人で一緒のほうが安く済む。

　リスク分散の効果も見過ごせない。何らかの理由で所得が途絶えたとき、経済的に互いを支えることができる。たとえば萌美が生産性資産や活力資産を築いているとき、夫の和雄は有形の資産を築く。もちろん逆のパターンもある。その役割は固定的ではなく、**二人が主な稼ぎ手の役割を交互に担い、相手がキャリアの途中で仕事を中断して生産性資産を築くのを助ける**のだ。

　長い人生の間でこうした役割交替を成功させるためには、二人に**高度な相互補完性があり、徹底的にすり合わせをおこなう**必要がある。マルチステージの人生を生きる人は多くの移行を経験するが、移行を成功させるのは簡単でなく、サポートが欠かせない。その点、スキルを更新し、新しい試練に挑み、新しい人的ネットワークに投資することは、パートナーとの緊密な協力関係があれば格段に実行しやすくなる。

　このような関係を機能させるためには、**長期にわたって相手と深く関わろうとする意思**

と、資源の分配の仕方を交渉して決めるためのスキルと能力がひときわ重要になるだろう。

アイデンティティを意識した計画と実験を

１００年ライフでは、私たちは多くのことを成し遂げられる。貴弘と萌美の人生のシナリオでも、人生をいくつかのステージと移行期間で構成されるものとして描いた。しかし長い人生は、基本的に一つの長い旅と考えるべきだ。私たち一人ひとりの人生を性格づける旅である。この旅に乗り出すときには、次のような問いが必要になる。

それは、どのような形の旅になるのか。

それを真の意味で自分の旅にするためには、どうすべきなのか。

これらの問いの答えは、その人がどのような選択をし、どのような価値観で生きるかによって決まる面もある。一人ひとりの選択と価値観が、人生の出来事やステージ、移行の順序を決め、それが自己意識、つまりアイデンティティを築いていくのだ。

3ステージの人生では、一本の線のように連結性と継続性のあるアイデンティティを保つことは比較的容易だったが、マルチステージの人生ではそれは難しくなる。これまでは、「どのように振る舞うべきか」「何を着るべきか」「何を望むか」といったことの多くが社会の伝統によって決まっていた。人々は自分の親の世代と同じように、自分が属する社会階層や職業にふさわしいような行動を知らず知らずのうちに取っていたのだ。それは人生を受け身で経験することだといっていい。

しかしこれからは、3ステージの一斉行進型のモデルから脱却し、私たちはもっと多くの選択肢に向き合わなくてはならなくなる。そして、自分が生まれた社会の伝統にしたがうのではなく、自らの価値観や希望に沿った生き方ができるようになれば、それ以上の「長寿の贈り物」は、おそらくないだろう。

私は何者か。私はどのように人生を生きるべきか。こうした「ありうる自己像」について検討するためには、計画と実験が欠かせない。計画と実験は、金銭的資産と無形資産を守るためでもあるし、そしてまた人生に目的と個性を生み出し、アイデンティティを形づくる心理的連結性をもたらす。

計画と準備の重要性が増すのは、個人の選択の幅が広がるからだ。

１００年ライフでは、一貫性を持たせなくてはならない人生のステージの数が増え、悲惨な結果につながりかねない選択をしてしまう機会も増える。しかも、万人向けのロールモデルを探し、マネをすることも難しくなる。１００年ライフの計画を立てるためには、自分が何をしたいのか、どのようにそれを達成したいのかという重要な決断をしなくてはならない。

私たちはともすれば、誤った楽観主義に流されてしまう。見たくないものは見ない。聞きたくないものは聞かない。しかし長寿化時代は、失敗をしてしまうと、その悪影響を受ける期間が長くなる可能性がある。だからこそ計画と準備が大切なのだ。

もちろん窮地に追い込まれても、少しずつ挽回できる時間的余裕もあるから、過度に悲観する必要もない。

昔のように特定のロールモデルにしたがっていればいい時代ではなくなったいま、実験してみることは欠かせない。「ありうる自己像」の選択肢が大きく広がる時代には、実験を通じて、何が自分にとってうまくいくのか、自分が何を楽しく感じ、何に価値を見いだす

自分の人生は、どんな形の旅に
なるだろうか……？

のか、何が自分という人間と共鳴するのかを知る必要がある。

実験は若者だけの特権ではない。あらゆる年齢層の人にとって、きわめて大きな意味を持つ。私たちを次の地点に導き、どのように移行を成し遂げればいいかを明らかにするのは、実験なのだ。

私は何者か。私はどのように生きるべきか。この問いに答えられるのは、結局のところ自分しかいない。

未来のために、いま、厳しい決断をくだそう

新しい知識やスキルを身につけ、それについて習熟しようと思えば、しばしば強い意思を持って学習と練習と反復に何百時間、ことによると何千時間もの時間をつぎ込まなくてはならない。それを実践する覚悟があるかどうかによって、学習への意欲が測れる面もある。

もっと手軽な道がありそうに見える場合もあるだろう。しかし貴弘の３・０シナリオで見たように、同じやり方や行動を繰り返すだけでは過酷な老後が待っている。

物事に習熟するうえでカギを握るのは、第4章で触れた、自己効力感（自分ならできる、という認識）と、自己主体感（自ら取り組む、という認識）だ。

自己効力感を高めるには、世界で何が起きていて、変化に対処するために何ができるかについて、誰もが理解を深める必要がある。多くの人が、本書のような書籍をきっかけに、人生設計というテーマを自由に語り合い、具体的に検討してみてほしい。

とくに重要なのは、無形資産についてもっと話し合うことだ。現状では年金や老後の蓄え、住宅ローンなど、有形の資産にばかり議論が集中しすぎている。

一方、自己主体感に関して難しいのは、寿命が長くなれば考慮しなくてはならない未来の自己像が何通りも出現することだ。１００年ライフでは、お金を使うことより貯めることが重要になるし、余暇時間をレクリエーション（娯楽）からリ・クリエーション（再創造）に振り向ける必要性も高まる。家庭内での役割と互いの関わり方について、パートナーと難しい会話をする能力と意思も強化しなくてはならない。

ここで問われるのは、未来に得られるかもしれない恩恵のために、いま、厳しい決断ができるかどうかだ。

何らかのスキルを習得しようと思えば、長期の恩恵（たとえばイタリア語を話せるようになること）のために、目先の快楽（たとえばお気に入りの連続ドラマを見ること）を我慢しなくてはならない場合が多い。

研究により、こうしたセルフ・コントロールは後天的に身につけられることがわかっている。物事に習熟するために快楽を先延ばしにする能力は、学習できるのだ。

もちろん人によって程度の差はある。成長思考の持ち主は、快適なぬるま湯の外に出ていき、未来につながる道に思考を集中させることにより、将来の計画を貫くことができるだろう。そうした人たちは、いつもすぐに手に入る果実ばかりを追い求めない。手ごわい課題を与えられてもあまり動揺しない。

こうした思考習慣を身につけるには、方法論を学ぶことが有効だ。困難な課題に取り組むよう指導・奨励された子どもは、成長思考を育みやすいという。

大人になったいまからでも遅くはない。長い人生を通して生産的でありたいと思う人は、何か一つでもいいから困難な学習目標を立てて、強い覚悟を持ち、目標に向けて脱線せずに忍耐強く努力し続けよう。待っていても、誰かがあなたの人生をプロデュースしてくれるわけではないのだ。

第8章

学校と企業はどう変わるのか

これから続くあなたの長い人生は、あなた自身が「ありうる自己像」について検討し、実験を重ね、形づくっていくことになる。

しかし、それを実現するためには、個人の力ではどうにもならない要素が含まれていることも考慮しなければならない。

たとえば自分の持っている知識について、さらに専門性を高めたいと大学院に進学することを検討したとしよう。しかし時間とお金の問題をクリアしたとしても、行きたい大学院で社会人入学の門戸が開かれていなければ元も子もない。

また、勤務先の企業が社員の個々の事情を考慮せず、時間に拘束され、融通が利かない勤務形態のままかもしれない。すると働きながら大学院に進学することは難しくなり、いきなり会社をとるか進学をとるかの二者択一になってしまう。

これではなかなか実験の一歩を踏み出すことはできない。これからマルチステージの人生を生きるため、余暇時間をリ・クリエーション（再創造）に使おうと思っても、**社会環境がそのニーズに対応していない事態も十分に考えられる**のだ。

もちろんこの先、私たちを取り巻く社会環境は変わっていくだろう。どう変わっていくか。未来を予測することは簡単ではないが、ここでは私たちの生き方に大きく関わってくる教育機関と企業について、変化の胎動と可能性を見ていくことにしよう。

教育産業は大きな脅威にさらされている

まず確実にいえるのは、これからの長い人生においては「学習と教育」が一層重要になるということ。それに多くの時間を費やす人が増えていくだろう。大学の学部教育では、経験学習の要素が増やされる。また大学院に進む人や、職業訓練を受ける人も多くなる。これにともなって学習方法のイノベーションも進んでいくだろう。

「教育」のステージが長くなるだけではない。人生のもっと後の段階でも、教育への真剣な投資がなされるようになっていくはずだ。雇用環境の変化に対応したり、頭脳を刺激しリフレッシュしたりするために、新しい専門知識を学ぶ必要があると多くの人に理解され始めるからだ。

こうした変化を受けて、多様な教育機関が誕生し、**いままでになかった学術上の能力と職業上の能力の認定方法が出現する可能性**がある。

ただし、教育産業はどちらかといえば保守的で、すぐに変化が現れるとは限らない。先人の思考が生み出した成果を現在の世代に伝えることが教育の基本なので、どうしてもそうなってしまう。

また、いまなお「名門校で教育を受けた」という経歴は自分の能力をアピールする手段になっている。教育機関のサービスが経済的価値を生むためには、エリート主義と精鋭主義を維持していくことが欠かせない。名門校を卒業した人ほどそれを維持することを望むだろうし、大きな変化を好まないはずだ。

そのため、新しい教育機関や新しい能力認定方法が評価を確立するのは簡単でない。変化を遂げるにしても、その速度は遅いかもしれない。

ただ、テクノロジーのイノベーションと長寿化の進行の影響で、教育という古い産業が大きな脅威にさらされていることは明らかだ。いずれ**新しい教育機関と新しい教育サービス、そして既存の教育目標を達成するための新しい方法が生まれてくる**だろう。

これからの教育に問われる四つの課題

では、既存の教育機関が乗り越えなくてはならない課題とは何か。具体的には、次の四つが考えられる。

①新しい学習テクノロジーと経験学習を取り入れること
②年齢の壁を壊すこと
③創造性、独創性、やさしさ、思いやりを教える方法について深く考えること
④テクノロジーの進歩に対応するための実践的な専門教育を急速に拡大させること

実際、テクノロジーの進歩により、いまは「破壊的イノベーション」の機が熟してきているといえる。そのイノベーションは、生涯学習にも好ましい影響を及ぼすだろう。たとえばオンライン授業やＭＯＯＣｓ（大規模公開オンライン講座）など、デジタル・イノベー

ションへの投資が従来の教室を様変わりさせている。また、デジタル学位・能力認定が普及し、今後は教育産業への新規参入が増える可能性が高い。

萌美の世代には、学習の形態、内容、場面、料金の選択肢が広がり続けるだろう。変化が遅い既存の勢力は次第に劣勢に立たされ、やがて新興勢力に取って代わられる。いうまでもなく、旧来型の教育機関の大半は3ステージの人生を前提に運営されているからだ。

私たちが属しているさまざまなコミュニティや友人グループと同様、いまの教育機関の多くは「年齢階層化」されている。初等・中等教育、大学、大学院、「成人コース」という具合に、対象年齢がはっきり決められているのだ。すると、周りを見渡しても同世代ばかり。必然的に異なる年齢層の人たちと接する機会はほとんどなくなり、「ジェネレーション・ギャップ」はますます広がってしまう。異世代への固定観念や偏見が形成されることにもつながっていく。若者は年長者に相談をしたり、経験談を聞いたりする機会を失い、年長者は若者と有意義に関わる機会を持てないままだ。

しかし今後、こうした年齢層ごとの隔離の仕組みが揺らぎはじめることは間違いない。その要因は、以下に述べるようにいくつもある。

学校は異なる世代が
混ざり合う時代になる

マルチステージに即した人材の育成

まず、マルチステージの人生を送る人は、人生のさまざまな時期にスキルを学び直し、活力を取り戻さなくてはならない。そのために教育機関を利用するだろう。教育への真剣な投資とはこのことだ。それが教育の形を変えていく。

数年単位の移行期間を設ける人なら、既存の標準的な学位システムでも問題はないかもしれない。しかし日々のレクリエーション（娯楽）の時間を自己のリ・クリエーション（再創造）に替える人にとっては、いわばパートタイム教育の重要性が高まっていく。融通の利くカリキュラムが必要なのだ。

こうした要因に後押しされて、年齢的な均質性の高い学校という社会は解体に向かい、異世代が混ざり合う時代が訪れる。そうなれば、人々はいくつもの視点を持てるようになり、世界に対する見方を広げることができる。

学校は、あらゆる層の若者と中年と高齢者が互いのことを深く知り、相互の敬意と協力関係を育み、思いやりの精神を一つの社会規範として復活させるための場になりうるのだ。そして寿命が長くなれば、教育と仕事の境界のあり方も変わらざるを得ない。

3ステージの人生では、人々は短い教育期間を終えるとすぐに仕事の世界に入った。企業はこれまで「会社に骨を埋めるつもり」で、「フルタイムで働く」人物を欲しがり、スキルと能力を兼ね備えた「完成した」人材の供給を大学に期待した。

しかし、この期待はすでに裏切られ始めている。

企業の間では、学生が十分なスキルを持っていないという不満が広がりつつある。とくに物足りないと感じられている資質は、創造性とイノベーション能力、やさしさと思いやりだ。

企業は教育機関に対して、こうした日々の問題に対処するためのスキルの育成にもっと力を入れることを望むようになった。ニーズの変化は、さまざまな形で教育のあり方を変えるだろう。

カリキュラムの面では、経験学習に一層力が入れられるようになる。思いやりや創造性の涵養に役立つ活動に取り組み、曖昧で不確実な状況での判断力と意思決定能力を身につけるためだ。

　このほか、企業に加わる前の段階で、自らの学習のあり方を自分で決めようとする人が増えることも予想される。具体的には、選択肢を狭めないようにエクスプローラーやインディペンデント・プロデューサーになり、さまざまな経験を積んだり、スキルに磨きをかけたりする。なかには、大学教育を受ける前にこうしたステージを経験する人も出てくるだろう。

　既存の教育機関は、３ステージの人生における第一段階のニーズに応えるには最適だった。しかし今後は、マルチステージの人生のニーズに応え、成長著しいＭＯＯＣｓとの競争に負けないために、絶えず対応に追われることになる。

これからの企業に問われる六つの課題

　企業はどう変わっていくだろうか。

　人々の勤労人生が形づくられる環境は、働き手の欲求や願望だけでなく、企業の制度や

手続き、文化や価値観にも左右される。長寿化によりライフスタイルが変われば、企業と個人の間で交渉が始まり、**企業は方針を根本から見直さざるを得なくなる**。

では、100年以上生きる人たちのニーズに応えるために、企業に求められるものは何だろう。次に六つ、変革の視点をあげておきたい。

①無形の資産に目を向ける

第一は、無形の資産に目を向けることだ。そして有形の資産と無形の資産に関して、企業が発するメッセージのバランスを取る必要がある。

現状では、雇用主と働き手の関係は、有形の資産によって結びついている。賃金がいくら支払われるか、企業年金や各種手当がどの程度支給されるかといったことだ。

しかし今後はそれが変わっていく。貴弘と萌美の人生のシナリオから明らかなように、有形の資産は重要ではあるが、それがすべてではなくなるからだ。**キャリアのあらゆるステージで、無形の資産の重要性が増していく**。

企業は、まずはどのような無形の資産があるかを見渡してみてほしい。

社内の職種ごとに、無形の資産がどのような役割を果たしているだろうか。その仕事を通して、生産性資産や活力資産といった無形の資産を育めるだろうか。また働き手が職場外で無形の資産を築く後押しができるだろうか。これらの点が明確になれば、従業員の選考や育成の際に、会社と働き手がどのような「契約」を結ぶのかが明快になる。そして、こうした**無形の資産に関するメッセージを発することは、これから先、人々が人生の段階に応じた職選びをするうえで有益な情報**になる。

②移行を支援する

第二の変革の視点は、従業員が人生で移行を経験しなくてはならないこと、そして移行を成功させるために必要な変身資産を構築・維持するのが容易でないことを理解して、その**支援をすること**だ。

将来的に、ほとんどの人はキャリアのどこかで移行を経験せざるを得ない。それを助けるために、企業にはさまざまなことができる。たとえば変身に必要なスキルを訓練してもいいし、活力と多様性がある人的ネットワークを築くよう促してもいい。同僚からのフィードバックを通じて、自分についての知識を形成させてもいい。

こうした取り組みは、**学校教育を終えたばかりの若者を引きつけるための売りになる**だけでなく、人生のさまざまなステージで会社に加わってくる**新しいメンバーを迎え入れるプロセスの一環**としても必要だろう。

③マルチステージの人生を前提にする

第三は、キャリアに関する制度や手続きを見直して、3ステージの人生を前提にしたものからマルチステージの人生を前提にしたものにあらためることだ。貴弘と萌美の人生のシナリオを見てもわかるように、企業に加わる人たちの経験とニーズは多様化する。

たとえば貴弘は、60歳を超えても仕事を続けたいと考え、また経済面でもそうせざるを得ない。年を重ねても刺激のある日々を送りたいと考えており、人生の新しいステージとしてポートフォリオ型のキャリアを望んでいる。

彼が期待しているのは、企業と新しいタイプの「契約」を結ぶことだ。企業には、引退や老いに関する考え方をあらため、生産性を保つための支援をし、賃金の支払いをもっと柔軟にしてもらいたい。その代償として、賃金が増えなかったり、下落したりしてもかまわないと思っている。

一方の萌美は、人生の初期段階にエクスプローラーのステージを生きる。企業に対して望むのは、自分のような高いスキルを持った人材を見出すこと、またサバティカル（長期間仕事を離れて、学校に通ったり、ボランティア活動などをしたりして過ごす期間）を取ったり、人生のさまざまな段階でキャリアのペースを上げたり下げたりできるようにするこ

萌美の世代が企業に求めるのは、
高いスキルを持った人材を見出すこと

と。そして、キャリアの途中で移行を成功させ、活力を充実させるための支援もしてほしい。

多くの企業はこうした課題にすでに直面しているが、対応はその場しのぎのものにとどまっている。引退する人や新たに加わる人のニーズに個別に応じているだけなのだ。将来的には、個別の対応ではなく、もっと透明性と予測可能性が高くて公正な仕組みをつくる必要があるだろう。

④仕事と家庭の関係の変化を理解する

第四は、仕事と家庭の関係の変化を理解することだ。家族の形態が多様化し、マルチステージの人生を生きる人が増える時代になれば、企業は個々の職種ごとに働き手への要求事項を明確に、そして具体的に示すことが求められる。

たとえば高給を受け取れる代わりに、きわめて過酷な労働を要求される仕事もある。時間のプレッシャーが厳しく、勤務時間の自由裁量が小さく、突発的な予定変更に柔軟に応じなくてはならず、チームのメンバーや顧客と顔を合わせなくてはならない時間が多く、同僚に代わってもらうことが難しい仕事だ。男女を問わず、育児に積極的に関わる時期の人にこの種の職が適さないことは、はっきり示すべきだ。

もう一つ、企業は能力評価や資源分配の判断を性別に関係なくおこなうよう転換する必要がある。これからは多くの男性が子育てに積極的に関わることを望み、それを軸に働き方を決めようとするだろう。**柔軟な働き方は、性別に関係なく、多くの人が望むものになる。**

⑤年齢を基準にするのをやめる

第五は、（企業にとっては非常に難しいだろうが）年齢に対する考え方をあらため、**年齢を基準にするのをやめること**。

企業の立場に立てば、明示的な年齢差別はともかく、人材の採用、昇進、給与の決定における暗黙の年齢差別を取り除くのは、きわめて手ごわい課題かもしれない。それでも年齢による差別をなくし、年齢や年齢の影響を受ける同僚評価とは無関係の客観的な基準を導入する必要がある。3ステージの人生では、年齢は経験を推し量る材料として有効であり、それが昇進と給与に直接反映されるのは合理的だったが、**マルチステージの人生では、年齢と経験は比例しない**。

⑥実験を容認・評価する

第六は、従業員にどのような働き方を認め、人材採用時にどのような経歴の持ち主を評価するかに関して、実験を容認・評価すること。

向こう数十年の間に、人々は新しい状況に適応していく。貴弘のように、キャリアの途中でそれを実践する人も出てくるだろう。その際に指針にできるロールモデルが乏しいため、人々は新しい試みを実験せざるを得ない。成功する場合もあれば、失敗する場合もある。実験がうまくいけば、新しい試みはすぐに脚光を浴び、模倣されて広がっていくだろう。企業はそうした実験に目を配り、実験を受け入れるように転換するべきだ。

3ステージの人生では、実験にせよ、ほかの理由にせよ、履歴書に空白期間がある人物は疑いの目で見られる。しかし、無形の資産をマネジメントするためにそのような期間を経験する人が増えれば、企業は履歴書の空白期間にもっと寛容にならざるを得なくなる。

人事部門の大変革が必要になる理由

こうした提案を実践しようと思えば、企業の人事部門の制度や手続きに一大改革が必要だ。

企業は、個人の履歴書の空白期間に寛容にならざるを得ない

抵抗は大きいかもしれない。人事部門の人間は、画一的で予測可能性が高い現状を捨てたくないと思うからだ。従業員の年齢を見るだけでその人物が何を求めているかを判断できるのは、企業にとっては都合がいい。それが変わってしまうと、標準的な労働時間と退職年齢を数パターン用意するだけでは不十分になり、もっと幅広い選択肢を用意し、個別の交渉にも応じなくてはならなくなる。マネジメントが複雑になるし、交渉が上手な人ばかりではないから、従業員の間に手続き面で不平等が生まれるリスクもつきまとう。

そもそも、複雑性を受け入れることにはコストがともなう。とくに経済状況が苦しい時期には標準化されたプロセスが好まれる傾向があり、１００年ライフにふさわしい柔軟性を保つことは、一部の人の目には非効率としか映らないかもしれない。

ちなみに産業革命期、ほとんどの企業は、それ以前の不規則でケースバイケースの労働時間を非効率だと感じていた。企業は工場や機械に莫大な投資をしており、それを最大限有効に活用するためには、それらをつねに画一的に用いる必要があったのだ。

このような企業のニーズに応える形で、週6日72時間労働が導入された。当然、労働者は反発した。働き方の変更を強いられ、柔軟性も奪われたからだ。私生活や家庭生活のあり方も変えざるを得なくなった。

しかし、このときは企業側の意向が通った。その後も、企業と労働組合の間で労働条件の見直しが交渉されてきたが、企業はあくまでも標準化を望み、労働時間こそ減ったものの、働き方の柔軟性が認められることはなかった。

今後はどうなるだろう。少しずつでも、企業は何らかの形で働き手の要求を受け入れるようになるのではないか。なぜなら、今日の経済の性格が産業革命の時代とは大きく変わっているからだ。

いま、最も付加価値の高い産業は、物的資本ではなく人的資本に基礎を置いている。そのため高いスキルを持つ働き手の交渉力が強まっているのだ。多くの高付加価値産業で柔軟な働き方と引退の形態が導入され始めている理由は、まさにこの点にある。

この流れはさらに加速するだろう。人材争奪戦が激化し、創造性とイノベーションの重要性が一層高まる結果、多くの企業は優秀な人材の獲得とつなぎとめを強く望み、そうした人たちの要求に耳を傾け、それを受け入れることに前向きになる。

また、機械の性能がますます向上していくことも見逃せない。これにともない、中スキル・中賃金の雇用の空洞化が進むだけでなく、職種ごとの違いが広がり、働き方の多様性も拡大する。機械と人間が協働する職種では、柔軟な働き方を実践する余地が大きくなるかもしれない。仕事の定型的な側面を機械に任せればいいからだ。

テクノロジーの進歩には、組織内での調整をしやすくする効果もある。たとえばデータ分析の導入が進めば、企業側は標準化を放棄しても、多くのコストを負担せずに多様な働き方に対応できるようになるだろう。

もちろん、なかには標準化されたシンプルな制度――つまり会社にとって都合がよく、働き手にとっては都合のよくない制度――を手放さない企業もあるに違いない。多様な働き方の選択肢を示すことが戦略上の大きな強みになると気づく企業は増えるが、すべての企業がそれを採算上、得策だと考えるわけではない。

あなたが企業に何を求めるかは自由だ。従来の働き方を維持する会社に入りたいなら、それでもいい。しかしマルチステージを生きるつもりなら、ちょっと待ってほしい。

貴弘が４・０シナリオを考えたとき、彼はスキルを身につけたあとの職場を慎重かつ時間をかけて探した。あなた自身もまた、大きな移行期間のあとにどのような企業で働くか、その企業は従業員の１００年ライフの人生におけるニーズに対応できているか、時間をかけてじっくり検討してみてほしい。

終章

あなたが
未来の「ロールモデル」に

人生１００年時代。

そう聞いて、いまのあなたはどう感じるだろう。

本書では、長寿が私たちの人生にとって厄災ではなく、恩恵になりうることを提示した。

もちろん長寿化は良いことばかりではない。

私たちはこの先の未来について、また「ありうる自己像」について、じっくりと考え抜かなければならない。有形の資産と無形の資産についても綿密な計画が必要になる。３ステージの人生のままの価値観では、１００年ライフを生き抜くことができない以上、これは私たち一人ひとりが乗り越えなくてはならない試練だ。

一方で、長寿化は既存の生き方に縛られず、自由に生きるチャンスにもなりうる。「長い人生を、どう生きるか」という課題を前に、どのように時間を使うか、どのように人生を組み立てるかは人それぞれだ。

正解はまだ誰にもわからない。

私たちは、長寿化の試練とチャンスを前にして、まずは個人や夫婦、家族、友人たちと実験し、既存のやり方を壊し、それを再構築し、意見を交わし、議論を戦わせ、いら立ちを覚える必要もある。

多くの人が行動を起こし、議論することによって生まれるのは、「思いの共有」だ。

柔軟性と多様性を求める人々の思いが共有される。

それによって、少しずつだが社会は変化していく。

たとえば企業にしても、既存のやり方を維持しつつ、個人の要望に応えるために例外や多様性を認め始める。すでにそれを実践している企業もある。引退年齢の選択肢を広げたり、仕事を中断して数カ月後に復帰する道をつくったり、週休3日制や半日勤務を選べるようにしたり、といった具合だ。

そうした例外が増えていき、人々がますます自分の希望を主張するようになれば、企業の人事部は本格的に制度を変更せざるを得ない。有能で経験豊かな人たちが、既存のやり方が変わらないなら入社しない（あるいは退職する）といった事態に直面するからだ。こうして古い仕組みにヒビが入り始める。

社会が変化していくプロセスのなかで、あなたはどのように生きるだろうか。

広く社会を見渡し、新しいものに対して開かれた姿勢を持ち、内省し、人生を受け身ではなく、勇気を持って自らプロデュースしていってほしい。

「長生きしたくない」と思っていても、私たちは確実に長寿化が進行する時代に生きている。

そしてまた、これから続く自分の人生を、祖父母や親の世代の価値観に縛られることなく、自分で計画し、組み立て、歩んでいくことができる。

過去のロールモデルは、もはや役に立たない。

著者たちの願いはただ一つ。

どうか、あなた自身が、１００年ライフを生きる未来の「ロールモデル」になってほしい、ということだ。

著者紹介

リンダ・グラットン (Lynda Gratton)

ロンドン・ビジネススクール教授。人材論、組織論の世界的権威。リバプール大学にて心理学の博士号を取得。ブリティッシュ・エアウェイズのチーフ・サイコロジスト、PAコンサルティンググループのダイレクターなどを経て現職。

2年に1度発表される世界で最も権威ある経営思想家ランキング「Thinkers50」では2003年以降、毎回ランキング入りを果たしている。2013年のランキングでは、「イノベーションのジレンマ」のクリステンセン、「ブルー・オーシャン戦略」のチャン・キム＆モボルニュ、「リバース・イノベーション」のゴビンダラジャン、競争戦略論の大家マイケル・ポーターらに次いで14位にランクインした。

2008年、フィナンシャルタイムズ紙より「次の10年で最も大きな変化を生み出しうるビジネス思想家」に選出。2011年、英タイムズ紙の「世界のトップ15ビジネス思想家」の一人に選出。2015年、ロンドン・ビジネススクールのベスト・ティーチャーに選出。日本政府「人生100年時代構想会議」有識者メンバーも務める。

組織のイノベーションを促進する「Hot Spots Movement」の創始者であり、85を超える企業と500人のエグゼクティブが参加する「働き方の未来コンソーシアム」を率いる。

邦訳された『ワーク・シフト』(2013年ビジネス書大賞受賞)、『未来企業』のほか、*Living Strategy*、*Hot Spots*、*Glow*などの著作があり、20を超える言語に翻訳されている。

アンドリュー・スコット (Andrew Scott)

ロンドン・ビジネススクール教授、前副学長。オックスフォード大学を構成するオール・ソウルズカレッジのフェローであり、かつ欧州の主要な研究機関であるCEPR (Center for Economic Policy Research) のフェローも務める。2005年より、モーリシャス大統領の経済アドバイザー。財政政策、債務マネジメント、金融政策、資産市場とリスクシェアリング、開放経済、動学モデルなど、マクロ経済に主要な関心を持つ。

本書のオリジナルである『LIFE SHIFT《ライフ・シフト》』は「読者が選ぶビジネス書グランプリ2017」で総合グランプリ、「ビジネス書大賞2017」で準大賞を受賞。テレビ番組等でもしばしば紹介された。

＊本書は、リンダ・グラットン＆アンドリュー・スコット著『LIFE SHIFT《ライフ・シフト》』(東洋経済新報社、2016年) を基に、著者の許可を得て、読みやすさを考慮して要約・編集したものです。

超訳ライフ・シフト

2020年10月8日発行

著　者――リンダ・グラットン／アンドリュー・スコット
発行者――駒橋憲一
発行所――東洋経済新報社
〒103-8345　東京都中央区日本橋本石町 1-2-1
電話＝東洋経済コールセンター　03(6386)1040
https://toyokeizai.net/

ブックデザイン……………橋爪朋世
ＤＴＰ……………………アイランドコレクション
印刷・製本………………丸井工文社
編集協力…………………笹　幸恵
カバー・本文イラスト……タカヤマチグサ
プロモーション担当………笠間勝久
編集担当…………………佐藤朋保
Printed in Japan　　ISBN 978-4-492-53432-8